써 쓰는
윈도우 11

진짜 쓰는 윈도우 11

ⓒ 2023. 박광수 All rights reserved.

1쇄 발행 2023년 1월 16일

지은이 아크몬드(박광수)
펴낸이 장성두
펴낸곳 주식회사 제이펍

출판신고 2009년 11월 10일 제406-2009-000087호
주소 경기도 파주시 회동길 159 3층 / **전화** 070-8201-9010 / **팩스** 02-6280-0405
홈페이지 www.jpub.kr / **원고투고** submit@jpub.kr / **독자문의** help@jpub.kr / **교재문의** textbook@jpub.kr

소통기획부 김정준, 송찬수, 박재인, 배인혜, 이상복, 송영화, 권유라
소통지원부 민지환, 이승환, 김정미, 서세원 / **디자인부** 이민숙, 최병찬

기획 및 진행 배인혜 / **내지 디자인** 다람쥐생활 / **내지 편집** 인투 / **표지 디자인** 이민숙
용지 타라유통 / **인쇄** 한길프린테크 / **제본** 일진제책사

ISBN 979-11-92469-68-3 (13000)
값 19,800원

제이펍은 독자 여러분의 아이디어와 원고 투고를 기다리고 있습니다. 책으로 펴내고자 하는 아이디어나 원고가 있는
분께서는 책의 간단한 개요와 차례, 구성과 지은이/옮긴이 약력 등을 메일(submit@jpub.kr)로 보내 주세요.

진짜 쓰는

활용도 100%, 기초부터 고급 테크닉까지, 제대로 배운다!

윈도우 11

기본기부터 업무와 일상까지 스마트하게 활용하는

Windows 11 상황별 가이드

아크몬드(박광수) 지음

Jpub
제이펍

달라진 윈도우 11 빠르게 살펴보기

윈도우 11 설치 및 업그레이드

CHAPTER 03

아는 만큼 편해지는 윈도우 11 기본 도구

CHAPTER 04 상황별로 골라 쓰는 윈도우 11 필수 앱

CHAPTER 05 컴퓨터가 쉬워지는 설정 마스터

CHAPTER 06 혼자서는 익히기 어려운 윈도우 11의 꿀팁들

마지막 버전인 줄 알았던 윈도우 10에 이어서, 새롭게 윈도우 11이 등장하면서 윈도우 블로거인 저에게 다시 한번 집필 기회가 찾아왔습니다. 재작년 이맘 때 도서를 기획하며 처음에는 새로운 버전을 윈도우 11이라기보다는 10.5라고 부르는 것이 더 적절하겠다고 느꼈습니다. 초기 버전의 윈도우 11은 작업 표시줄, 시작 메뉴 및 위젯과 같은 인터페이스 변화를 제외하면 크게 변경된 점이 없었기 때문입니다.

하지만 최근 배포된 2022 업데이트를 보면, 사용자에게 익숙한 기능은 강화되고 시대의 흐름에 맞게 바꿔야 할 부분이 과감히 변경되었기에 진정한 윈도우 11으로 부르기에 충분합니다. 이 책은 최신 버전 윈도우 11을 통해서 여러분의 일상생활의 편의성과 업무의 생산성을 높일 수 있도록 도와드립니다. 윈도우 11의 핵심을 요약하면 아래와 같습니다.

사용자에게 익숙한 기능이 강화된 윈도우 11

- 스냅 기능 향상으로 키보드와 터치 모두 편리하게 멀티태스킹이 가능합니다.
- 탐색기에 인터넷 브라우저처럼 탭을 제공하여, 하나의 창에서 여러 항목을 열 수 있습니다.
- 계산기, 메모장, 그림판, 시계 등 익숙한 기본 앱의 기능이 최신 버전에 맞게 개선되었습니다.

개선될 부분은 과감히 변경된 윈도우 11

- 눈이 편한 둥근 화면, 모바일과 데스크톱을 아우르는 달라진 인터페이스를 제공합니다.
- 가정용 버전에서도 TPM 2.0 등을 지원하는 등 보안성이 더 높아졌습니다.
- 윈도우 11의 앱처럼 안드로이드 앱을 사용할 수 있는 환경을 제공합니다.

무엇보다 이 책에서는 입문자를 위한 기초와 간단한 활용법에서 끝나지 않고, 한 단계 더 나아가 고급 사용 방법을 알려드립니다. 특히, 명령어 한 줄만 입력해 프로그램을 스마트하게 설치할 수 있는 윈겟(winget) 등 파워 유저를 위한 고급 정보도 놓치지 말고 꼭 확인해 보세요.

이 책은 많은 분의 도움으로 완성할 수 있었습니다. 집필의 기회를 주신 장성두 님과 송찬수 님, 부족한 원고를 보완하느라 고생하신 배인혜 님, 사랑하는 아내 츠카모토 유이(塚本 唯) 님께 감사드립니다.

아크몬드(박광수)

LESSON
01
새로운 인터페이스로 만나는 윈도우 11

윈도우 11은 2015년 출시된 윈도우 10 이후, 6년 만에 나온 대형 업그레이드 최신 운영체제로, 인터페이스 디자인이 달라진 것이 가장 큰 특징입니다. 새로워진 윈도우 11의 주요 변화 11가지를 소개합니다.

■ 주요 변화 11가지

① **작업 표시줄:** 중앙으로 배열된 작업 표시줄

작업 표시줄은 자주 사용하는 앱을 고정하거나, 실행 중인 프로그램의 아이콘을 표시하는 영역입니다. 윈도우 11의 디자인에서 가장 크게 변화된 곳으로, 윈도우 95부터 윈도우 10까지 왼쪽 구석에 있던 작업 표시줄의 시작 단추가 중앙으로 이동했습니다. 또한, 윈도우 10까지 좌우/상하로 이동할 수 있었으나 윈도우 11에서는 화면 하단에 고정되어 이동할 수 없습니다.

LESSON

윈도우 11의 필수 기능과 앱을 기준으로 구분한 레슨과 해당 레슨에서 배울 내용을 간단히 소개합니다.

친절한 설명

다양한 예시 이미지와 친절한 지시선 표시 등을 활용하여 누구나 쉽게 윈도우 11을 마스터할 수 있습니다.

■ 트리사이즈 프리: 부족한 디스크 용량 관리하기

컴퓨터를 사용하다 보면 디스크의 용량이 부족해질 때가 있습니다. 사용하지 않는 프로그램을 여럿 제거했는데도 여유 용량이 많이 확보되지 않은 경우, 트리사이즈(TreeSize)와 같은 디스크 관리 앱을 활용하면 대용량 파일이나 폴더를 한눈에 확인하고 삭제할 수 있습니다.

트리사이즈 프리 설치 마이크로소프트 스토어에서 'treesize'를 입력해 [TreeSize Free]를 선택해 설치합니다. 또는 앞에서 소개한 윈겟으로 간단히 설치할 수 있습니다. [터미널]에서 `winget install -e --id JAMSoftware.TreeSize.Free`를 입력해 [Enter]를 누르세요.

코드 서체 표기

윈도우 11을 좀 더 폭넓게 활용하고 싶다면 터미널 사용 방법을 알아야 합니다. 그러므로 이 책에서는 터미널 사용 방법과 함께 터미널에 직접 입력하는 코드를 별도의 서체로 표기했습니다.

아크몬드 특강

오랜 시간 윈도우 전문 블로거로 활동해 온 저자의
핵심 노하우가 담겨 있습니다.

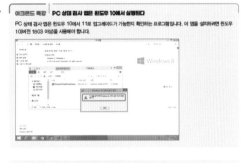

TIP

윈도우 11의 주요 기능들을 설명하면서 주의할 점
이나 추가로 궁금해할 내용이 있다면 미리 짚어 드
립니다.

QR 코드

책에서 소개하는 긴 URL 주소는 QR 코드로 스캔
하여 빠르게 확인하세요.

(참고 사이트)

아크몬드의 윈도우 블로그
https://archmond.win

마이크로소프트 윈도우 지원 사이트
https://support.microsoft.com/ko-kr/windows

제이펍 독자 지원 페이지
https://bit.ly/book_jpub

윈도우 11에서 업데이트된 새로운 단축키

Windows + A	빠른 설정 열기
Windows + C	Microsoft Teams에서 채팅 열기
Windows + N	알림 센터 및 일정
Windows + H	음성 입력 시작
Windows + K	미라캐스트로 외부 디스플레이와 무선으로 연결하기

Windows + W	위젯 열기
Windows + Z	스냅 레이아웃(화면 분할) 열기
Windows + V	클립보드 검색 기록 열기
Windows + . (또는 ;)	이모지 열기

컴퓨터 초보 필수 단축키

Ctrl + X	잘라내기
Ctrl + C (또는 Ctrl + Insert)	복사하기
Ctrl + V (또는 Shift + Insert)	붙여넣기
Ctrl + Z	작업 실행 취소
Alt + Tab	열려 있는 앱 전환
Alt + F4	활성 항목 닫기 / 활성 앱 종료
Windows + L	PC를 잠금
Windows + D	바탕 화면 표시 / 숨김

조합을 암기할 필요 없는 단일 단축키

ESC	현재 작업 중지 또는 나가기
F2	이름 바꾸기
F4	파일 탐색기에서 주소 표시줄 목록 표시
F6	창이나 바탕 화면의 화면 요소 순환
PageUp	한 화면 위로 이동

PrtScn	전체 화면의 스크린샷을 생성하고 클립보드에 복사
F3	파일 탐색기에서 파일 또는 폴더를 검색
F5	활성 창 새로 고침
F10	활성 앱의 메뉴 모음 활성화
PageDown	한 화면 아래로 이동

필요한 것만 골라서 외우는 단축키

Ctrl + F4	활성 문서 닫기
Ctrl + A	모든 항목 선택
Ctrl + D (또는 Delete)	삭제하고 휴지통으로 이동
Ctrl + E	검색 열기
Ctrl + R (또는 F5)	활성 창 새로 고침
Ctrl + Y	작업 다시 실행
Ctrl + Alt + Tab	화살표 키를 사용하여 열려 있는 모든 앱 사이 전환
Ctrl + ←, →, ↑, ↓ (항목으로 이동이 목적) + Spacebar	창이나 바탕 화면에서 여러 개의 개별 항목 선택 (예를 들어 바탕화면에서 임의의 아이콘 / 폴더 등이 선택된 상태에서 Ctrl과 함께 방향키를 누르면 해당 방향에 있는 폴더 / 아이콘으로 이동됩니다. 그 상태에서 Spacebar를 추가로 누르면 기존에 선택 중인 것에 더해 추가로 해당 폴더 / 아이콘이 선택됩니다.)
Ctrl + Shift + ←, →, ↑, ↓	텍스트 블록 선택
Ctrl + ESC	시작 메뉴 열기
Ctrl + Shift + ESC	작업 관리자
Shift + ←, →, ↑, ↓	창이나 바탕 화면에서 둘 이상의 항목을 선택하거나 문서에서 텍스트 선택
Shift + Delete	선택한 항목을 휴지통으로 먼저 이동하지 않은 상태에서 완전히 삭제

윈도우 키 활용 단축키

Windows	시작 메뉴를 열기 / 닫기
Windows + B	작업 표시줄의 시스템 아이콘 선택하기
Windows + D	바탕 화면 표시 / 숨김
Windows + E	파일 탐색기
Windows + I	설정 열기
Windows + L	PC 잠그기 / 계정 전환
Windows + M	모든 창 최소화
Windows + P	외부 모니터나 프로젝터와 연결하기(연결 방식 선택)
Windows + R	실행 대화 상자
Windows + S	검색 열기
Windows + Shift + S	화면 일부 스크린샷 찍기
Windows + T	작업 표시줄의 앱 순환
Windows + U	접근성 설정
Windows + V	클립보드 검색 기록

※ 윈도우 키를 활용하는 단축키를 더 알고 싶다면, 261쪽에서 소개하는 단축키 가이드를 확인하세요.

달라진 윈도우 11
빠르게 살펴보기

윈도우 11은 인터페이스 디자인이 많이 변화했으며 여러 신기능이 추가되었습니다.
편리한 운영체제이지만, 처음 접한다면 궁금한 점이 많을 것입니다.
주요 기능을 살펴본 뒤, 윈도우 10과 비교해 달라진 점을 알려드립니다.

LESSON 01

새로운 인터페이스로 만나는 윈도우 11

윈도우 11은 2015년에 출시된 윈도우 10 이후, 6년 만에 나온 대형 업그레이드이자 최신 운영체제입니다. 인터페이스 디자인이 달라진 것이 가장 큰 특징이며, 몇 가지 활용성 높은 기능들이 추가되었습니다. 여기서는 빠르게 새로워진 윈도우 11의 주요 변화 11가지를 소개합니다.

📊 주요 변화 11가지

1. 작업 표시줄: 중앙으로 배열된 작업 표시줄

작업 표시줄은 자주 사용하는 앱을 고정하거나, 실행 중인 프로그램의 아이콘을 표시하는 영역입니다. 윈도우 11의 디자인에서 가장 크게 변화된 곳으로, 윈도우 95부터 윈도우 10까지 왼쪽 구석에 있던 작업 표시줄의 앱 아이콘들이 중앙으로 이동했습니다. 또한, 윈도우 10까지 상하좌우로 이동할 수 있었으나 윈도우 11에서는 화면 하단에 정렬됩니다.

2. 시작 메뉴: 태블릿 운영체제처럼 변경된 시작 메뉴

작업 표시줄의 아이콘뿐 아니라 시작 메뉴도 중앙에 나타납니다. 윈도우 8부터 10까지 사용되었던 타일 (Tile) 스타일이 사라지고, 아이패드처럼 앱 아이콘만 나열되는 심플한 디자인이 채용되었습니다. 자세한 설명은 86쪽을 확인하세요.

3. 위젯: 날씨와 뉴스 등을 한눈에 확인하기

위젯(미니 앱)을 표시하는 영역이 새롭게 추가되었습니다. 날씨 예보나 뉴스 정보를 확인할 수 있습니다. 바탕 화면에 항상 표시되지는 않고, 위젯 아이콘을 클릭하면 나타납니다. 표시할 내용은 사용자의 입맛대로 변경할 수 있습니다. 자세한 설명은 92쪽을 확인하세요.

4. 채팅: 마이크로소프트 팀즈와의 통합

마이크로소프트 팀즈(Microsoft Teams)라는 화상 회의/협업 플랫폼이 기본으로 탑재되었습니다. 작업 표시줄에서 곧바로 음성/영상 통화를 하거나 채팅으로 원하는 사람과 연락할 수 있습니다. 팀즈는 코로나19로 앞당겨진 비대면 시대에서 재택 근무의 중심이 되는 커뮤니케이션 도구입니다. 팀즈로 화상 회의를 하고 싶다면 161쪽을 확인하세요.

5. 설정: 한번 쓰면 되돌아갈 수 없는 편리한 설정 앱

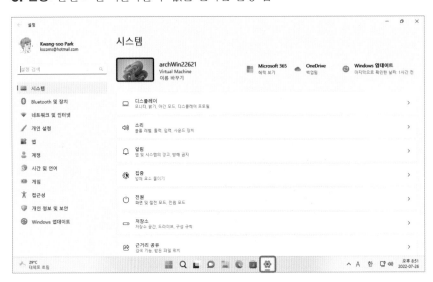

설정 앱이 강력해졌습니다. 윈도우 10까지는 설정 앱만으로 모든 세팅을 제어할 수 없어서, 오래된 '제어판'을 이용해야만 했지만, 윈도우 11부터는 설정 앱에서 대부분의 제어가 가능합니다. 자세한 설명은 206쪽을 확인하세요.

6. 마이크로소프트 스토어: 쓸만한 앱이 많아진 앱 스토어

새로운 마이크로소프트 스토어에는 태블릿에 최적화된 앱 외에도, 전통적인 데스크톱용 프로그램 등 다양한 종류의 앱을 다운로드할 수 있게 되었습니다. 점차 윈도우용 앱뿐만 아니라 스마트폰/태블릿에서 사용 중인 안드로이드 앱도 쓸 수 있게 될 예정입니다. 자세한 설명은 142쪽을 확인하세요.

7. 인터페이스 디자인: 아름다움과 익숙함이 공존하는 새 디자인

▲ 라이트 모드   ▲ 다크 모드

윈도우 11의 인터페이스는 플루언트(Fluent)라는 새로운 디자인 언어를 기반으로 만들어졌습니다. 이 단어는 '유창한', '능수능란한'이라는 뜻입니다. 플루언트 디자인을 구성하는 5대 요소는 빛(Light), 깊이(Depth), 움직임(Motion), 재질(Material), 규모(Scale)며, 반투명 유리처럼 보이는 배경을 사용했습니다. 윈도우 10과 달라지는 구체적인 인터페이스 비교는 30쪽을 확인하세요.

8. 터치 키보드: 테마 및 크기 변경 가능

▲ 다양해진 키보드 레이아웃

▲ 테마 변경 가능

태블릿이나 노트북에서 화면을 터치해 글자를 입력할 수 있는 터치 키보드가 강화되었습니다. 가장 큰 변화는 테마를 선택하여 원하는 디자인으로 변경할 수 있다는 점입니다. 키보드의 크기나 문자 크기를 조정할 수 있어, 사용자에게 꼭 맞춘 형태로 사용할 수 있습니다. 키보드 레이아웃의 종류도 추가되었습니다.

9. 스냅 레이아웃: 진화된 기능으로 화면을 간단히 분할, 스냅 그룹 추가

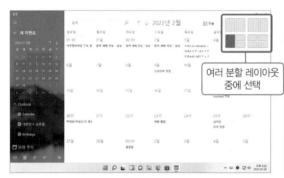

여러 분할 레이아웃 중에 선택

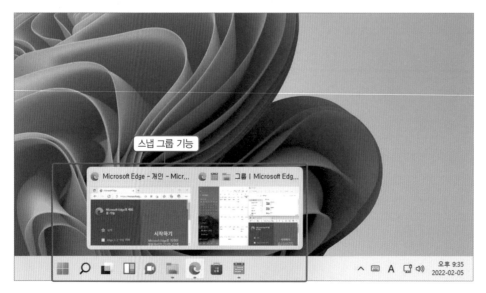

스냅 그룹 기능

여러 창을 보기 좋게 배열하면 효율적으로 작업할 수 있습니다. 스냅(Snap) 기능으로 간편하게 정렬할 수 있습니다. 또한 배열된 창들은 스냅 그룹이라는 단위로 묶이므로, 클릭 한 번으로 그룹 전체를 열 수 있습니다. 자세한 설명은 103쪽을 확인하세요.

10. 음성 입력: 손으로 입력하지 않고 목소리만으로 받아쓰기

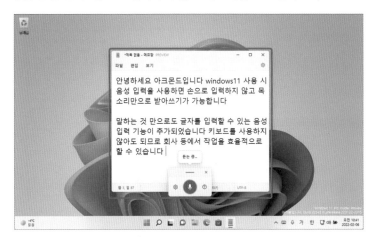

말을 하면 글자가 입력되는 음성 입력 기능이 추가되었습니다. 회사 등에서 키보드보다 빠르게 작업을 할 수 있습니다. 자세한 설명은 270쪽을 확인하세요.

11. 게임: Xbox 최신 기술을 탑재해 더 풍부한 게임 경험 제공

▲ Game Pass 구독 모델

쾌적한 게임 환경을 위해 자동 HDR과 Direct Storage 기술이 추가되었습니다. 먼저 자동 HDR로 색 범위와 밝기가 증가하여 게임 세계가 더욱 생생하게 표현됩니다(HDR 지원 모니터 필요함). 그리고 Direct Storage 기술로 게임을 불러오는 시간이 대폭 단축되어, 스트레스 없이 초고속 렌더링으로 게임을 즐길 수 있습니다(Direct Storage는 GPU가 CPU를 거치지 않고 바로 SSD에 접근하므로 NVMe SSD가 필요함).

윈도우 11 설치에 대해 자주 묻는 질문들

Q. 윈도우 11은 무엇인가요?

A. 윈도우 11은 윈도우 10의 후속 버전 운영체제입니다.

윈도우 11은 사용성과 안정성이 향상된 운영체제로, 2021년 10월에 정식으로 출시되었습니다.

Q. 무료로 사용할 수 있나요?

A. 기존 윈도우 10 사용자들은 무료로 업그레이드할 수 있습니다.

새 컴퓨터에 설치할 경우 윈도우 11 홈 에디션은 20만 원, 프로 에디션은 32만 원입니다(처음 사용자용, 2022년 11월 기준). 하지만 마이크로소프트는 윈도우 10에서 11로의 업그레이드는 무료로 진행될 것이라고 밝혔습니다. 무료 업그레이드에 대한 공식적인 종료일은 정해진 바 없으나, 마이크로소프트의 무료 제공 종료 선언으로 중단될 가능성이 있습니다. 단, 장치별 실제 업그레이드 시기는 달라질 수 있습니다.

또한, 5년이라는 긴 시간이 지난 후 새롭게 출시된 버전인 만큼 현재 사용 중인 컴퓨터에서 제대로 작동하지 않을 수 있습니다. 그러므로 우선 호환성 검사를 진행하는 것이 좋습니다. 호환성 확인은 42쪽, 업그레이드 방법은 49쪽에서 자세한 설명을 확인하세요.

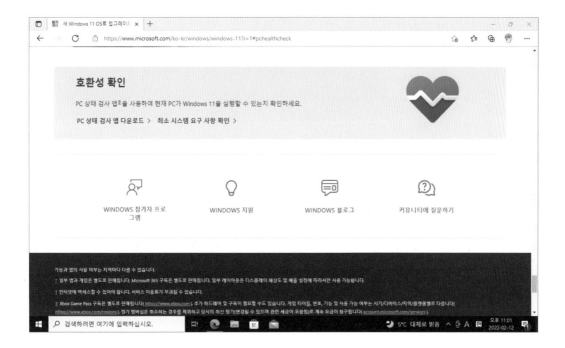

Q. 모든 PC에서 윈도우 11을 사용할 수 있나요?

A. 시스템 최소 요구 사항을 충족하는 장치에서만 사용할 수 있습니다.

컴퓨터의 시스템 구성이 윈도우 11의 요구 사항을 충족해야 합니다. CPU, RAM, 저장 공간 등에 이어 TPM 등의 보안 기능을 탑재한 PC가 필요합니다. 자세한 설명은 40쪽을 확인하세요.

Q. 지금 쓰는 PC에서 윈도우 11을 사용할 수 있는지 찾아 볼 방법이 있나요?

A. 제조업체 사이트와 전용 도구로 확인합니다.

여러분의 PC가 윈도우 11을 사용할 수 있는지 확인하려면, 먼저 컴퓨터 제조업체의 웹사이트를 살펴봅니다. 삼성, LG 등의 제조업체는 기종별 업그레이드 가능 리스트를 제공하고 있습니다. 다른 방법으로는 마이크로소프트가 제공하는 PC 상태 앱을 활용할 수 있습니다. 자세한 방법은 42쪽을 확인하세요.

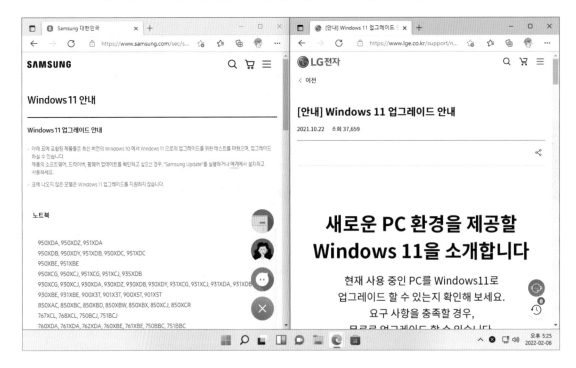

Q. 업그레이드하기 전에 반드시 준비할 사항이 있나요?

A. 호환성 확인과 백업은 필수입니다.

먼저 현재 사용하는 윈도우 10이 최신 버전인지 확인합니다. 만약 2004 버전 이상이라면 업그레이드가 안될 수도 있으니, 우선 업데이트를 실시합니다. 또한 여러분의 주변 기기나 사용하는 프로그램이 윈도우 11에서 실행되는지 미리 살펴보는 것도 좋습니다. 그리고 혹시 기존 데이터가 삭제될 수도 있으니, 중요한 자료는 별도로 백업을 합니다. 현재 쓰고 있는 윈도우가 홈 에디션 또는 프로 에디션이라면 윈도우 11의 여러 기능을 활용하기 위해서는 마이크로소프트 계정이 필수이므로, 계정을 미리 개설해 놓으면 편리합니다. 계정 생성 방법은 77쪽을 확인하세요.

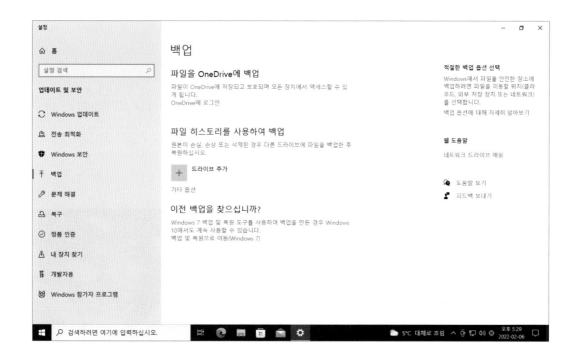

Q. 윈도우 11은 32비트 버전이 있나요?

A. 없습니다, 64비트 버전만 제공됩니다.

윈도우 11은 32비트 버전이 폐지되어, 64비트 버전만 제공됩니다. 간혹 오래된 컴퓨터는 32비트 버전인 경우가 있으니 확인이 필요합니다.

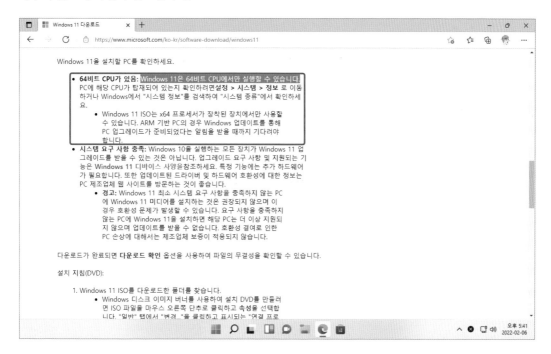

Q. 홈 에디션을 프로 에디션으로 업그레이드할 수 있나요?

A. 프로 에디션은 별도로 구매해야 합니다.

윈도우 10에서 11로 무료 업그레이드할 경우, 이전과 동일한 에디션이 적용됩니다. 윈도우 10 홈 에디션을 업그레이드하면 윈도우 11 홈 에디션이 됩니다. 윈도우 11 홈 에디션에서 윈도우 11 프로 에디션으로 바꾸려면, 마이크로소프트 스토어를 통해 유료로 업그레이드해야 합니다. 또는, 별도로 구매한 윈도우 11 프로 에디션의 제품 키를 입력해 정품 인증하는 방법이 있습니다.

Q. 윈도우 11을 깨끗하게 설치하는 방법이 있나요?

A. 설치 미디어를 만들면 클린 설치를 할 수 있습니다.

마이크로소프트 웹사이트에서 제공하는 설치 미디어 작성 도구(https://www.microsoft.com/ko-KR/software-download/windows11)를 이용하면 윈도우 11을 깨끗하게 설치할 수 있습니다. 업그레이드와 비교하면 설치 방법이 번거롭지만, PC 상태를 쾌적하게 만드는 방법입니다. 또는 윈도우 11로 업그레이드한 뒤 시스템 초기화를 하면 처음부터 깨끗하게 새로 설치(클린 설치)한 것과 가까운 효과를 얻을 수 있습니다.

Q. 윈도우 7 또는 8.1에서 11로 업그레이드할 수 있나요?

A. 윈도우 8.1 이하 버전을 곧바로 11로 업그레이드할 수는 없습니다.

윈도우 7또는 8.1을 먼저 윈도우 10으로 업그레이드 한 뒤 윈도우 11로 업그레이드하는 것은 가능하지만, 시간이 많이 소요되고 번거롭기 때문에 실용적이지 않습니다. 따라서 윈도우 11의 클린 설치를 할 때, 기존 윈도우 7 또는 윈도우 8.1의 제품 키를 넣어 정품 인증을 시도하는 것도 방법입니다.

TIP 정품 인증 여부를 확인하고 싶다면

하위 버전 윈도우의 설치 시기 및 라이선스에 따라 정품 인증 여부가 달라질 수 있습니다. 자세한 윈도우 라이선스 문의는 마이크로소프트 볼륨 라이선스 키 고객 지원팀 전화 1577-9700을 통해 가능합니다.

Q. 윈도우 11의 시스템 요구 사항을 무시하고 설치해도 되나요?

A. 설치할 수 있으나 권장하지 않으며 호환성 문제가 발생할 수 있습니다.

미지원 PC에 설치하는 방법이 있습니다. 하지만 요구 사항에 미달하는 장치에 윈도우 11을 설치하는 것은 권장하지 않으며 호환성 문제가 발생할 수 있습니다. 또한 향후 업데이트 지원이 어렵습니다. 호환성 부족으로 인한 PC 손상은 보증에 포함되지 않는 경우가 많으니 주의합니다.

아크몬드 특강 | **미지원 PC에 윈도우 11을 설치하는 방법**

미지원 PC는 윈도우 11의 요구 사항을 만족하지 않는 컴퓨터로, 일반적으로는 윈도우 11로 업그레이드할 수 없습니다. 미지원 PC에 윈도우 11을 설치하는 방법은 2장에서 자세하게 소개합니다.

- **시스템 요구 사항**: 윈도우 11의 요구 사항을 확인합니다(40쪽).
- **새로 설치**: 설치용 USB를 만들어서 미지원 PC에 처음부터 설치합니다(60쪽).
- **업그레이드**: 시스템 요구 사항을 충족하지 않는 컴퓨터를 강제로 업그레이드합니다(54쪽).

Q. 윈도우 11로 업그레이드를 했는데 윈도우 10으로 돌아갈 수 있나요?

A. 업그레이드한 지 10일 이내라면 원래대로 되돌릴 수 있습니다.

업그레이드 10일 이내라면 설정 앱의 [시스템]에서 [복구]로 이동한 후 아래와 같이 [돌아가기]를 클릭하여 복구할 수도 있습니다. 물론 클린 설치(새로 설치)를 한 경우에는 복구할 수 없습니다. 업그레이드 후 10일을 초과하면 이전 시스템의 백업이 제거되어 윈도우 10으로 돌아갈 수 없으니 주의합니다. 윈도우 11로 업그레이드를 하려면 49쪽, 복구 옵션이 있는 설정 앱에 대한 설명은 206쪽을 확인하세요.

윈도우 10 vs. 윈도우 11의 인터페이스 전격 비교

가장 눈에 띄는 차이점은 인터페이스의 변화입니다. 윈도우 10과 윈도우 11의 인터페이스를 비교하여 살펴봅니다.

⊞ 화면으로 보는 윈도우 10 vs. 윈도우 11

바탕 화면 지금까지의 윈도우는 날카로운 모서리의 사각형을 사용해왔습니다. 윈도우 11부터는 거의 모든 화면에 둥근 모서리를 사용하여 심리적으로 편안한 느낌을 줍니다.

둥근 사각형 모서리로 친근하고 편안한 느낌

파일 탐색기 시대의 변화에 따라 한눈에 잘 인식되는 납작한(Flat) 아이콘을 채용하고 있습니다.

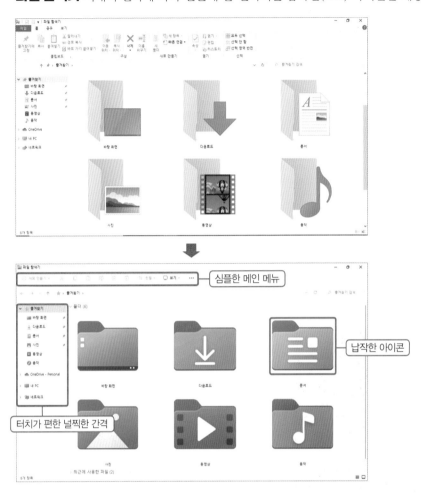

설정 아기자기하고 컬러풀한 아이콘이 적용되고, 카테고리별로 잘 분류된 모던 제어판을 제공합니다. 기기의 설정을 빠르게 변경할 수 있습니다.

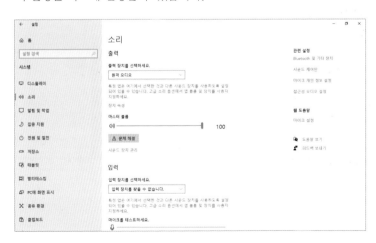

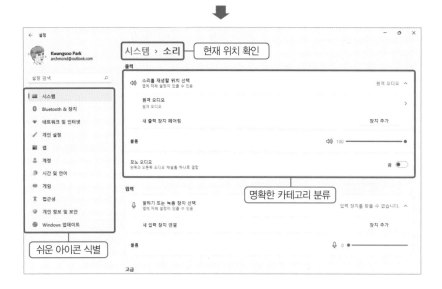

작업 표시줄 우측 메뉴 달력을 누르면 알림도 함께 표시되도록 변경되었습니다.

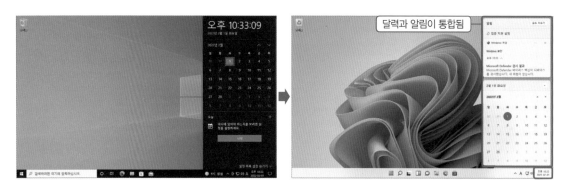

또한 최신 스마트폰이나 태블릿처럼 기기의 설정을 한 번에 끄고 켜는 제어 센터가 강화되었습니다.

그 외 기본 앱 개선 그림판, 메모장, 미디어 플레이어 등 윈도우 기본 앱이 개선되었습니다.

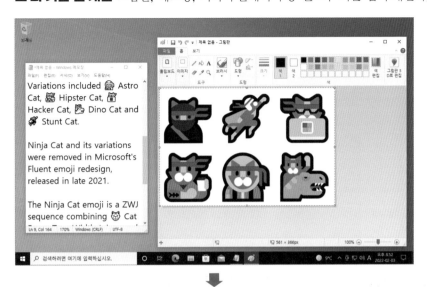

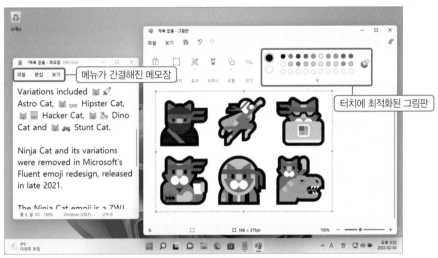

윈도우 11에서는 사라진 기능들

윈도우 10을 마지막으로 윈도우 11에서는 사라진 기능도 있습니다. 이 기능들은 삭제되거나, 별도의 앱으로 제공되거나, 기본적으로 설치되지 않고 스토어를 통해 수동으로 설치할 수 있게 변경되었습니다.

코타나(Cortana) 윈도우 11에서는 더 이상 설치 화면에 나타나지 않으며, 작업 표시줄에서 둥근 코타나 아이콘이 사라졌습니다.

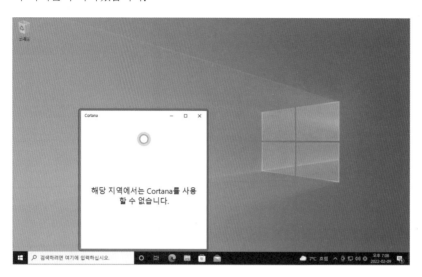

테마(바탕 화면 배경) 동기화 기능 윈도우 11에서는 마이크로소프트 계정으로 로그인하더라도 바탕 화면 배경이 동기화되지 않습니다.

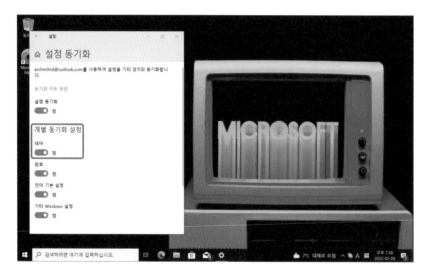

인터넷 익스플로러(Internet Explorer) 웹 브라우저 윈도우 11에서는 인터넷 익스플로러(Internet Explorer)가 포함되지 않으며 그 대신 마이크로소프트 엣지(Microsoft Edge) 브라우저가 제공됩니다. 인터넷 익스플로러는 2022년 6월 15일부터 윈도우 10 이하에서도 사용이 중지되었습니다.

그 대신 엣지 브라우저 내의 인터넷 익스플로러 호환 모드(IE Mode)는 2029년까지 지원될 예정입니다.

수학 식 입력판(Math Input Panel) 윈도우 11에서는 수학 식 입력판이 포함되지 않습니다. 마이크로소프트 워드(Word)의 **잉크 수식** 기능에서 제공됩니다.

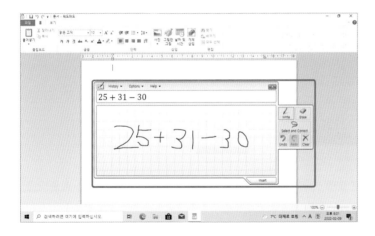

캡처 도구 윈도우 10의 클래식 캡처 도구는 사라졌지만, 윈도우 11에서 동일한 이름의 앱이 새 앱으로 탈바꿈했습니다. **Link** 윈도우 11의 새로운 캡처 도구 사용법은 175쪽을 확인하세요.

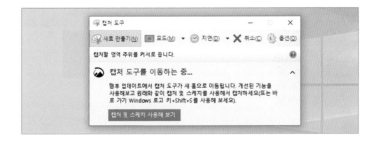

시작 메뉴의 라이브 타일 윈도우 11에서는 윈도우 8부터 10까지 적용된 시작 메뉴의 라이브 타일이 제거되었습니다.

태블릿 모드 윈도우 10의 태블릿 모드가 제거되었습니다. 윈도우 11에서는 태블릿에서 키보드를 연결하거나 분리하면 인터페이스가 환경에 맞게 자동적으로 변경됩니다.

자유로운 작업 표시줄 윈도우 10까지 작업 표시줄의 위치를 상하좌우로 이동할 수 있었습니다. 하지만 윈도우 11은 화면 맨 아래에만 작업 표시줄을 정렬할 수 있습니다.

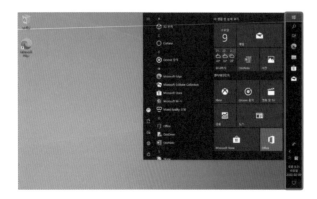

작업 보기 단추의 타임라인(Timeline) 기능 윈도우 10의 타임라인 기능을 사용하면 사용자의 날짜별 작업을 살펴보고 전환할 수 있었지만, 윈도우 11에서는 개인 정보 보호의 차원에서 타임라인 기능이 제거되었습니다. 참고로 2021년 7월부터는 윈도우 10에서도 기기간 타임라인 동기화 기능이 제공되지 않습니다.

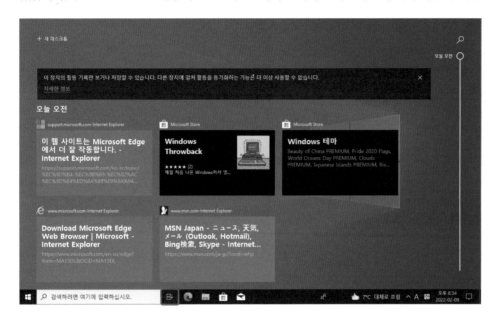

아크몬드 특강 | 윈도우 11에서는 개별 다운로드가 필요한 앱

여기서 소개하는 앱은 윈도우 11 설치 시 기본으로 설치되지 않습니다. 하지만 마이크로소프트 스토어를 통해 별도로 다운로드할 수 있습니다.

- 3D 뷰어(3D 파일을 확인하는 앱)

OneNote(터치에 최적화된 원노트 앱)

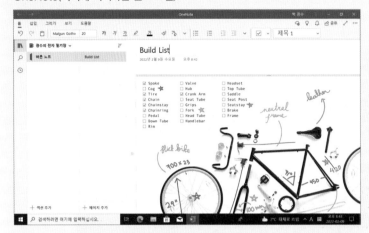

그림판 3D(3D 물체를 그리는 그림판 앱)

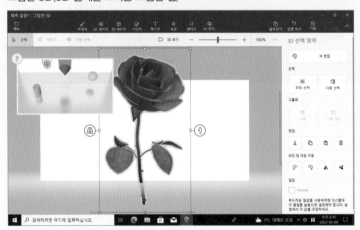

Skype(음성 및 영상 통화 앱)

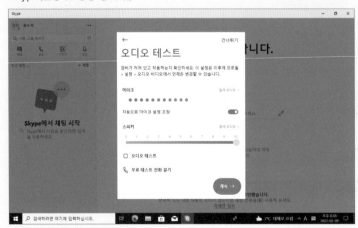

윈도우 11 설치 및
업그레이드

사용 중인 PC가 윈도우 11의 요구 사항을 만족하는지 확인하는 방법과 설치 및 업그레이드 방법을 소개합니다.
현재 윈도우 10을 사용하고 있다면, 윈도우 11로 무료 업그레이드가 가능합니다.
단, 윈도우 10과 비교하여 요구 성능이 높아졌으므로 확인해야 합니다.

설치 요구 사항 살펴보기

윈도우 11 에디션의 종류를 간단히 살펴보고 하드웨어 요구 사항을 알아 봅니다. 추가로 자신의 컴퓨터가 설치에 필요한 조건을 충족하는지 호환성 검사를 하는 방법 등을 확인합니다.

▓▓ 윈도우 11 에디션 알아보기

윈도우 11은 크게 두 가지 라인업으로 나뉩니다. 개인 사용자라면 대부분 홈 또는 프로 에디션을 사용합니다. 기업이나 교육기관 사용자의 경우 조직에서 배포하는 에디션을 따라갑니다.

개인 사용자용

홈(Windows 11 Home)	가정용 PC, 태블릿, 2-in-one 컴퓨터에서 사용하도록 설계되었습니다. 개인 사용자용 기능을 제공합니다. 설치 시 설정을 완료하려면 마이크로소프트 계정이 필요합니다. 원격 데스크톱 및 하이퍼-V(Hyper-V) 기능을 제공하지 않는 것이 프로 에디션과의 큰 차이점입니다.
프로(Windows 11 Pro)	홈 에디션의 모든 기능을 품고 있으며, 액티브 디렉터리(Active Directory), 원격 데스크톱, 비트라커(BitLocker), 하이퍼-V(Hyper-V) 및 윈도우 디펜더 디바이스 가드(Windows Defender Device Guard)와 같은 기업용 기능이 일부 포함됩니다. 설치 시 설정을 완료하려면 마이크로소프트 계정이 필요하며, 홈 에디션에서 업그레이드할 수 있습니다.
프로 포 워크스테이션 (Windows 11 Pro for Workstations)	워크스테이션과 같은 고급 하드웨어용으로 설계되었으며 인텔 제온 프로세서 및 AMD Opteron/Epyc 프로세서를 지원합니다. 최대 4개의 CPU와 6TB RAM을 사용할 수 있고, ReFS 파일 시스템을 지원합니다.

기업 또는 교육기관용

엔터프라이즈(Windows 11 Enterprise)	프로 에디션의 모든 기능을 품고 있으며, IT 기반 조직을 지원하는 추가 기능을 제공합니다.
에듀케이션(Windows 11 Education)	교육 기관용 라이선스를 통해 배포됩니다. 엔터프라이즈 에디션을 기반으로 만들어졌습니다.
프로 에듀케이션(Windows 11 Pro Education)	프로 에디션의 변형이며, 교육 기관용 라이선스를 통해 이용할 수 있습니다.

■■ 하드웨어 요구 사항

업그레이드 및 설치용 시스템 요구 사항 확인하기

현재 윈도우 10을 사용하고 있다면, 윈도우 11로 무료 업그레이드가 가능합니다(무료 업그레이드에 대한 공식적인 종료일은 정해진 바 없으나, 마이크로소프트의 무료 제공 종료 선언으로 중단될 가능성이 있으며, 구체적인 업그레이드 시기는 장치마다 달라질 수 있습니다). 단, 어떤 PC라도 업그레이드가 가능한 것은 아니라, 아래의 표에 나타난 요구 사항을 만족해야 합니다.

시스템 요구 사항	윈도우 10	윈도우 11
CPU(중앙처리장치)	1GHz 이상의 프로세서	1GHz 이상으로 2코어 이상의 64비트 프로세서
RAM(메모리)	32비트: 1GB 64비트: 2GB	4GB 이상
저장 공간(SSD, HDD 등)	32비트: 16GB 64비트: 32GB	64GB 이상
시스템 펌웨어	–	UEFI, 보안 부팅(Secure Boot) 대응
TPM(신뢰 플랫폼 모듈)	–	TPM 버전 2.0 이상
GPU(그래픽카드)	DirectX 9 이상과 호환 (WDDM 1.0 드라이버 대응)	DirectX 12 이상과 호환 (WDDM 2.0 드라이버 대응)
모니터(디스플레이)	800 * 600 이상	9인치 이상의 HD(720p) 디스플레이
인터넷 연결	기본적으로 필요 없음 (S 모드 사용 시 필요)	필요 (마이크로소프트 계정 필요)

윈도우 10과 비교하여, 윈도우 11의 요구 사항은 꽤 높게 설정되어 있습니다. 이 때문에, 구입한 지 얼마 되지 않은 컴퓨터라도 종종 윈도우 11에 대응하지 않는 경우가 발생합니다. 특히 문제가 될 가능성이 높은 것이 CPU 성능이나 TPM 2.0 지원 여부입니다. 윈도우 11을 설치할 컴퓨터가 이 조건을 만족하는지 꼼꼼히 확인합니다.

Link 요구 사항을 만족하지 않는 TPM 기능을 활성화하는 방법은 45쪽을 확인하세요.

- **UEFI(통합 확장 펌웨어 인터페이스Unified Extensible Firmware Interface)**: 운영체제와 컴퓨터 펌웨어 간의 통역사와 같은 역할을 합니다. 컴퓨터 시작 시에 하드웨어 구성 요소를 초기화하고 드라이브에 저장된 운영체제를 실행하는 데 사용됩니다. 통역사 역할을 하는 UEFI 덕분에, 2TB 이상의 디스크로 부팅이 가능하며 네트워크 연결이 가능한 그래픽 사용자 인터페이스를 보유하고 있습니다. UEFI는 윈도우 8부터 기존의 BIOS(Basic Input Output System)를 대체하기 위해 도입되었습니다.

- **보안 부팅(Secure Boot)**: UEFI를 사용할 때 활용하는 기능으로, 펌웨어의 유효성을 체크하여 서명되지 않은 드라이버나 장치의 로드를 막아 부팅 프로세스에 보안성을 제공합니다.

- **TPM(신뢰 플랫폼 모듈Trusted Platform Module)**: TPM은 메인보드에 장착된 작은 칩입니다. 각종 보안 기능을 내장하고 있으며, 암호화 키를 저장할 수 있습니다.

- **DirectX(다이렉트X)**: DirectX는 마이크로소프트가 윈도우용으로 개발한 멀티미디어 인터페이스 세트입니다. DirectX라는 이름은 응용 프로그램이 하드웨어 장치에 직접 접근(Direct access)하여 고속으로 처리할 수 있다는 의미에서 붙었습니다.

- **WDDM(윈도우 디스플레이 드라이버 모델Windows Display Driver Model)**: WDDM은 윈도우 비스타 이후의 운영체제에서 사용되는 그래픽 카드 드라이버 모델입니다.

- **HD(고선명도High Definition)**: SD보다 고화질, 고선명, 고해상도의 영상 기술을 말합니다. 참고로 SD, HD, FHD, UHD의 해상도는 아래를 확인하세요.
  - SD(Standard Definition): 720 * 480px
  - HD(High Definition): 1280 * 720px
  - FHD(Full High Definition): 1920 * 1080px
  - UHD(4K Ultra High Definition): 3840 * 2160px

▦ 내 컴퓨터에 설치되는지 체크하기

자신의 컴퓨터가 윈도우 11에 대응하는지 확인하는 몇 가지 방법이 있습니다. 완제품 컴퓨터나 노트북이라면 제조업체의 웹사이트에서 윈도우 11 지원 여부를 확인하세요.

PC 상태 검사 앱으로 확인하기

완제품이 아니거나, 제조업체를 통해 확인하기 어려운 경우에는, 마이크로소프트에서 공식 제공하는 PC 상태 검사 앱을 통해 업그레이드가 되는지 체크할 수 있습니다.

01 마이크로소프트 웹사이트의 **호환성 확인**(https://bit.ly/win−check)에서 **[PC 상태 검사 앱 다운로드]**를 클릭하여 프로그램을 설치합니다. 설치가 완료되면 앱을 실행하여 **[지금 확인]**을 누릅니다.

02 윈도우 11 지원 여부를 검사해 결과를 알려 줍니다. 자세한 사항을 보려면 **[모든 결과 보기]**를 누릅니다. 윈도우 11 설치 조건을 만족하지 않는다면 여기서 알려주는 원인을 해결하는 것이 업그레이드에 도움이 됩니다.

설치 여부 판정

불만족 사항 확인

아크몬드 특강 | PC 상태 검사 앱은 윈도우 10에서 실행된다

PC 상태 검사 앱은 윈도우 10에서 11로 업그레이드가 가능한지 확인하는 프로그램입니다. 이 앱을 설치하려면 윈도우 10(버전 1803 이상)을 사용해야 합니다.

TIP 내 PC가 윈도우 11과 호환되지 않는 더 자세한 이유가 궁금하다면?

앞에서 소개한 PC 상태 검사 앱으로 윈도우 11 지원 여부를 대략적으로 확인할 수 있지만, 좀 더 정확한 정보를 얻으려면 하단의 깃허브 페이지에서 제공하는 WhyNotWin11을 살펴보고 지원되지 않는 부분에 대한 자세한 정보를 얻을 수 있습니다. WhyNotWin11을 열 때에는 관리자 권한으로 실행하세요.
(https://github.com/rcmaehl/WhyNotWin11/)

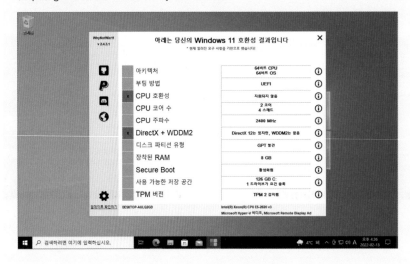

■■ 설치 요구 사항인 TPM 및 UEFI 설정하기

윈도우 11을 설치하기 위해 필요한 TPM 및 UEFI 요소가 만족되지 않았다면, 사용자가 직접 해당 기능을 활성화할 수 있습니다. 필요에 따라 TPM, UEFI, Secure Boot 등을 활성화하여 설치 요구 사항을 만족하도록 설정할 수 있습니다.

시스템 펌웨어	UEFI를 선택하고, Secure Boot를 활성화
TPM(신뢰 플랫폼 모듈)	TPM을 활성화

> **아크몬드 특강** | **TPM 및 UEFI 설정은 신중하게 결정한다**
>
> 하드웨어 구성에 따라 TPM 및 UEFI가 활성화되지 않거나, 다른 용어로 표현될 수 있습니다(47쪽의 아크몬드 특강인 'CPU/제조사별 보안 부팅 및 TPM 활성화 방법'을 참고하세요). 그리고 윈도우 11을 새로 설치할 경우에만 설정을 바꿔 가며 시도해보시길 바랍니다. 업그레이드 설치 시에는 기존 운영체제에 악영향을 줄 수 있으므로 권장하지 않습니다. 잘못 설정하면 기존 윈도우 운영체제가 동작하지 않을 가능성이 있으니, 모든 데이터를 백업한 뒤 컴퓨터 전문가와 상의하며 진행하시기 바랍니다.

01 BIOS(CMOS), UEFI 설정에 들어가기

컴퓨터가 켜질 때 Del, F2, F10, Esc 등의 키를 눌러 BIOS(CMOS) 혹은 UEFI 설정에 진입합니다.

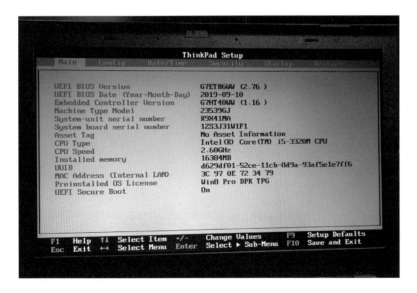

TIP 윈도우 10 사용 중 BIOS(CMOS) 혹은 UEFI 설정으로 진입하는 방법

윈도우 10의 [설정]에 들어갑니다. [업데이트 및 보안]을 눌러 [복구]에 있는 고급 시작 옵션의 [지금 다시 시작] 버튼으로 BIOS(CMOS) 또는 UEFI 설정으로 진입할 수 있습니다.

02 신뢰 플랫폼 모듈(TPM) 및 보안 부팅(Secure Boot) 활성화하기

아래의 설정값을 참고하여 신뢰 플랫폼 모듈, 즉 [Security(보안 칩)]를 [Active(활성화)]합니다. [Secure Boot(보안 부팅)]를 [Enabled]로 켭니다.

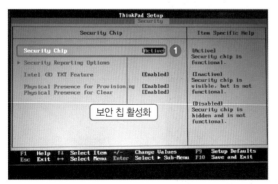

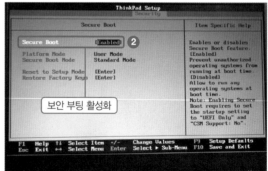

- Intel CPU: 인텔 플랫폼 신뢰 기술(Intel Platfrom Trust Technology, PTT) 활성화

- AMD CPU: AMD fTPM 활성화

- ASUS : Advanced → PCH–FW → Intel PPT → Secure Boot

- Asrock(Intel CPU): Security → PTT(Intel Platform Trust Technology)

- Asrock(AMD CPU): Advanced → CPU 설정 → fTPM

- Biostar: Advanced → Trusted Computing → TPM 2.0 UEFI Spec Version → TCG_2

- Gigabyte(Intel CPU): Peripherals → Intel PPT

- Gigabyte(AMD CPU): Setting → Miscellaneous → AMD fTPM

03 UEFI 부팅 방식 활성화하기

UEFI Only 또는 Legacy Boot 중에 선택하라고 표시되면 [UEFI Only]를 선택합니다. 부팅에 문제가 발
생하는 경우에는 Both 혹은 Legacy 등으로 되돌려 테스트합니다.

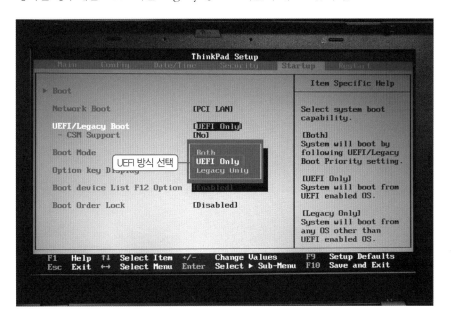

■■ 윈도우 11 지원 하드웨어 리스트

PC를 직접 조립했거나 새로 구매한 경우, PC를 구성하는 부품이 윈도우 11에 대응하는지 살펴볼 필요가 있습니다. 윈도우 11의 시스템 요구 사항에 대응하는 컴퓨터 부품을 확인하세요. 다음 표는 최소 사양이므로 이보다 높은 성능의 제품을 구입하시기 바랍니다.

부품	필요 사양
CPU(중앙처리장치)	Intel: 8세대 이후 프로세서(2017년 중반 이후 출시된 제품) AMD: 2세대 라이젠(ZEN+) 이후 프로세서(2018년 이후 출시된 제품)
RAM(메모리)	DDR4 이상(CPU 제원 확인)
스토리지(저장 공간)	SATA3.0이나 NVMe 규격의 SSD 또는 HDD
메인보드(마더보드)	Intel: Intel 300 시리즈 칩셋(CPU 제원 확인) AMD: AM4 300 시리즈 또는 TRX40 시리즈 이후
GPU(그래픽카드)	Intel: Intel UHD/Iris Plus Graphics 610~655 이후 NVIDIA: GeForce 400 시리즈(2010년) 이후 AMD: Radeon HD 7000 시리즈(2011년) 이후
모니터(디스플레이)	Auto HDR 기능을 사용하려면 HDR(High Dynamic Range)을 지원하는 모니터 필요

아크몬드 특강 | 윈도우 11 지원 CPU 최신 업데이트 목록

윈도우 11 지원 CPU를 구매할 예정이라면 제품 구매 전에 마이크로소프트 공식 사이트의 최신 정보를 참고합니다.

- Intel 프로세서: https://docs.microsoft.com/en-us/windows-hardware/design/minimum/supported/windows-11-supported-intel-processors

- AMD 프로세서: https://docs.microsoft.com/en-us/windows-hardware/design/minimum/supported/windows-11-supported-amd-processors

LESSON 02 상황에 맞게 설치하기

윈도우 11을 설치하는 방법에는 여러 가지가 있습니다. 설치 디스크를 만들어 깨끗하게 새로 설치하거나, 기존 윈도우 10 운영체제에서 업그레이드하여 설치할 수 있습니다. 상황에 맞게 선택해 보세요. 운영체제를 새로 설치할 때에는 꼭 기존 데이터를 안전한 곳에 백업한 뒤 진행하시기 바랍니다.

▚ 업그레이드 설치하기

윈도우 10에서 윈도우 11로 업그레이드할 때에는 다양한 방식이 있습니다. 윈도우 업데이트를 통해 순차적으로 배포되기를 기다리거나, ISO 파일을 통해 수동으로 업그레이드할 수도 있습니다.

윈도우 업데이트로 자동 업그레이드하기

윈도우 11 시스템 요구 사항을 만족하는 컴퓨터라면 다음과 같이 윈도우 업데이트 화면이 나타납니다. 무료 업그레이드가 준비되었다는 화면이 나오면 [다운로드 및 설치]를 눌러 윈도우 11로 업그레이드할 수 있습니다. 가장 안전하고 편한 방법입니다. 혹시 모를 문제 발생에 대비해 클라우드나 USB 메모리 등에 데이터를 백업한 후 진행하시기 바랍니다.

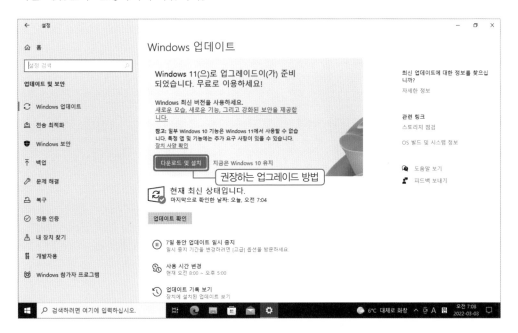

지원하지 않는 컴퓨터의 경우 아래와 같은 메시지가 나타납니다.

Link 윈도우 11을 지원하지 않는 PC를 강제로 업그레이드하려면 54쪽을 참고하세요.

윈도우 11 디스크 이미지(ISO)로 수동 업그레이드하기

윈도우 업데이트를 통해 자동으로 업그레이드하는 것이 가장 편한 방법이지만, 윈도우 11 무료 업그레이드
는 순차적으로 배포되므로, 상황에 따라 곧바로 업그레이드할 수 없을 수도 있습니다. 이런 경우에는 윈도
우 11 디스크 이미지(ISO)로 수동 업그레이드를 시도할 수 있습니다.

01 마이크로소프트 웹사이트(https://www.microsoft.com/ko-kr/software-download/windows11)
에서 **Windows 11 디스크 이미지 (ISO) 다운로드** 섹션을 확인합니다. [**다운로드 선택**]을 클릭하여,
[**Windows 11 (multi-edition ISO)**]를 골라 [**다운로드**]를 누릅니다. 제품 언어 선택이 나오면 [**한국어**]
를 고르고 [**확인**]을 누릅니다.

02 Windows 11 한국어가 표시됩니다. 64비트 파일을 다운로드합니다. 약 5GB의 파일을 내려받게
됩니다.

아크몬드 특강 | **윈도우 11 멀티 에디션 다운로드**

윈도우 11 멀티 에디션(multi-edition ISO)에 포함된 에디션 종류를 확인하세요.

- 홈(Windows 11 Home)
- 에듀케이션(Windows 11 Education)
- 프로(Windows 11 Pro)
- 프로 에듀케이션(Windows 11 Pro Education)
- 프로 포 워크스테이션(Windows 11 Pro for Workstation)

03 다운로드가 완료되면 ISO 파일을 더블클릭합니다. 가상 DVD 드라이브로 정상적으로 할당되면
setup 파일을 열어 설치를 시작합니다.

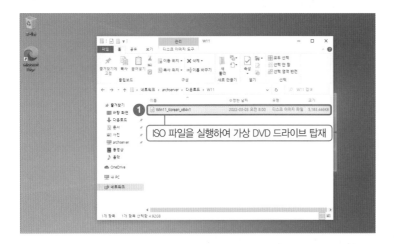

ISO 파일을 실행하여 가상 DVD 드라이브 탑재

03 윈도우 11 설치 과정에 대한 소개와 사용 조건을 확인하고 각각 **[다음]**, **[동의]**를 눌러 진행합니다. 윈
도우 11 업그레이드 시 설치와 관련된 업데이트를 다운로드하므로, 준비가 완료되기까지 시간이 걸릴 수
있습니다.

04 설치 준비 완료 화면이 나타납니다. 여기서 **개인 파일, 앱을 유지합니다**가 선택되었는지 확인합니다. 이 옵션으로 PC에 있는 개인 파일을 유지하면서 업그레이드합니다. 업그레이드 설치지만, 문제 발생에 대비해 클라우드나 USB 메모리 등에 중요한 데이터를 백업한 후 진행하시기 바랍니다.

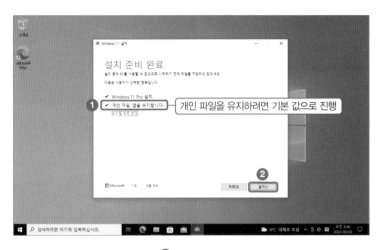

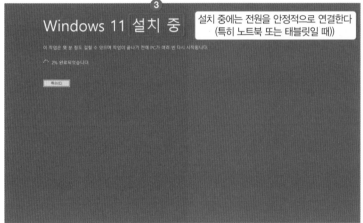

윈도우 11 디스크 이미지(ISO)로 수동 업그레이드를 할 때, 사용 중인 PC가 윈도우 11 시스템 요구 사항을 충족하지 않으면 다음과 같이 설치 불가 메시지가 나타납니다. 이를 회피하여 업그레이드하는 방법을 알려드립니다. 문제가 생길 것을 대비해 중요한 데이터는 미리 클라우드나 USB 메모리 등에 백업한 뒤에 진행하시기 바랍니다.

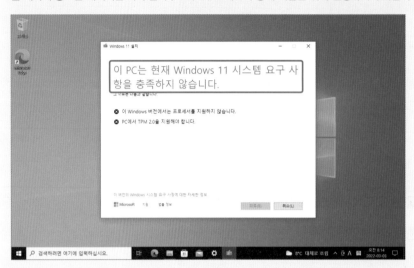

이 방법은 마이크로소프트에서 미지원 PC를 위해 우회 설치할 수 있도록 공식적으로 지원하는 방법(https://bit.ly/3MrjN7S)이지만 미지원 PC에 윈도우 11을 설치하는 것은 권장되지 않으며 향후 업데이트를 받을 수 없을 가능성이 있습니다. 호환성 부족으로 인한 PC 손상은 제조업체 보증에 포함되지 않습니다.

01 시작 메뉴에서 **[마우스 우클릭]**을 하고 단축 메뉴가 나오면 **[실행]**을 클릭합니다(키보드의 Windows + R 단축키를 눌러도 동일).

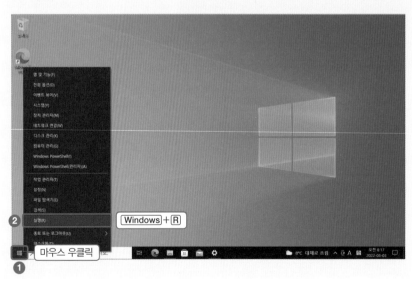

실행 창이 나타나면 'regedit'를 입력해 [Enter]를 누릅니다.

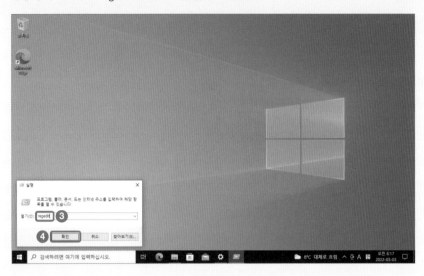

02 레지스트리 편집기가 나타나면 주소 표시줄에 다음을 입력하여 [Enter]를 누릅니다.

그리고 우측 창에서 **[마우스 우클릭]**을 눌러 **[새로 만들기]**를 선택하고 **[DWORD(32비트) 값]**을 클릭하여 새 항목을 만듭니다. 해당 항목은 아래와 같이 이름을 붙여 줍니다.

AllowUpgradesWithUnsupportedTPMOrCPU

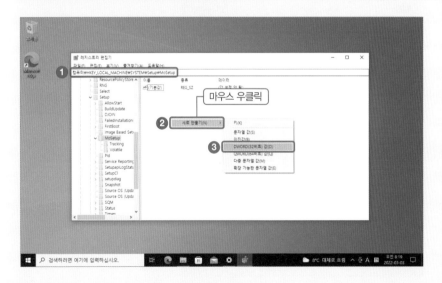

만들어진 항목을 [마우스 우클릭]하고 [수정]을 선택합니다.

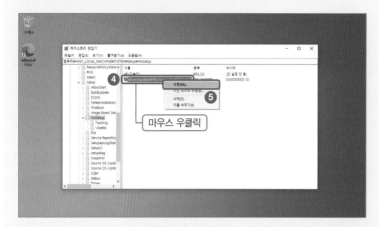

03 DWORD(32비트) 값 편집 대화상자가 나오면 값 데이터에 '1'을 입력하고 [확인]을 클릭합니다.

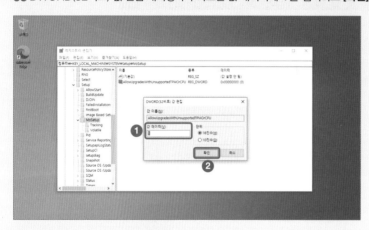

setup 파일을 다시 열어서 설치를 재시작합니다.

04 확인이 필요한 항목이라는 제목이 나타납니다. 윈도우 11의 최소 사항을 지원하지 않는 PC에 설치할지 여부를 물어봅니다. **[수락]**을 누르고 **[설치]**를 클릭하면 업그레이드 설치를 진행하게 됩니다.

설치용 디스크 직접 만들기

공식 윈도우 11 설치 미디어 만들기

01 윈도우 11 시스템 요구 사항을 만족하는 컴퓨터라면, 마이크로소프트에서 제공하는 공식 윈도우 11 설치 미디어 작성 도구를 사용하세요. 마이크로소프트 웹사이트(https://www.microsoft.com/ko-kr/software-download/windows11)에 접속한 뒤, **Windows 11 설치 미디어 만들기** 섹션의 **[지금 다운로드]**를 눌러 설치 프로그램을 다운로드 및 실행합니다. **관련 통지 및 사용 조건**이 나타나면 **[동의]**를 클릭합니다.

02 언어 및 버전을 선택하고, [**다음**]을 누릅니다.

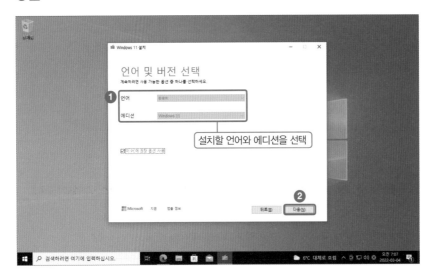

윈도우 11 설치 디스크를 만들려면 8GB 이상의 USB가 필요합니다. USB를 PC에 꽂았다면 [**다음**]을 클릭하세요.

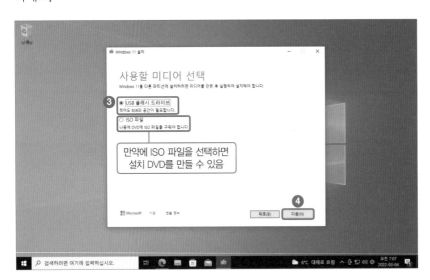

> **아크몬드 특강 │ 윈도우 설치 DVD를 만드는 법**
>
> 최근에는 활용도가 줄었지만, 윈도우 설치용 DVD를 만들고 싶다면 아크몬드 블로그에서 디스크 이미지를 굽는 방법을 참고하세요.
>
> – 아크몬드의 윈도우 블로그(디스크 이미지 굽기): https://archmond.win/archives/19418

03 USB 드라이브를 선택합니다. 만약 USB 드라이브를 선택하기 힘들다면 컴퓨터에서 뺐다가 다시 꽂아봅니다. **[드라이브 목록 새로 고침]** 하면 새로 추가된 드라이브가 나타납니다. **[다음]**을 누르면 윈도우 11 데이터를 다운로드하여 자동으로 설치 USB를 만들어 줍니다.

완료되면 **USB 플래시 드라이브가 준비되었습니다**가 나타납니다.

윈도우 11 미지원 컴퓨터용 설치 USB 만들기

01 윈도우 11을 지원하지 않는 컴퓨터에 설치할 때에는 Rufus라는 도구를 이용하면 손쉽게 설치 USB를 만들 수 있습니다. Rufus 사이트(https://rufus.ie/ko/)에 접속해 Rufus를 다운로드하고 실행합니다. 선택 단추 우측의 작은 [▼] 단추를 열어서 **[다운로드]**를 누릅니다. 이 책에서는 Rufus 3.20 버전을 기준으로 설명합니다.

02 한 번 더 **[다운로드]**를 누르면 윈도우 11을 다운로드할 수 있습니다. 버전, 릴리즈, 에디션, 언어, 아키텍처를 선택하여 **[다운로드]**를 클릭합니다.

03 윈도우 11 설치 이미지가 저장될 위치를 지정하여, **[저장]**을 누릅니다. 다운로드가 완료될 때까지 기다립니다.

04 다운로드가 완료되면 USB 메모리를 PC에 꽂은 뒤, 파티션 방식을 [MBR]로 바꿔 줍니다. 이로써 윈도우 11 설치 제약을 건너뛸 수 있습니다. 준비가 완료되면 [시작]을 누릅니다.

05 이제 윈도우 11 설치 USB를 만들어 줍니다. Windows User Experience 창이 나타나면 기본 값대로 진행합니다(첫 번째 옵션이 체크되어 있으면, 4GB 이상의 RAM과 보안 부팅 그리고 TPM 2.0 요구 사항이 제거되므로, 지원하지 않는 PC에 윈도우 11을 설치할 수 있게 됩니다). [OK]를 누릅니다. 완료되면 [닫기]를 누릅니다.

아크몬드 특강 | 미지원 PC의 윈도우 11 설치는 호환성 문제가 발생할 수 있다

미지원 PC에 윈도우 11을 설치하는 것은 권장 사항이 아니기 때문에, 호환성 문제가 발생할 수 있습니다. 이러한 경우 향후 업데이트를 받을 수 없을 수도 있습니다. 호환성 부족으로 인한 PC 손상은 제조업체 보증에 포함되지 않습니다.

🔳 설치용 디스크로 처음부터 설치하기

01 윈도우 11을 깨끗하게 새로 설치하려면 앞에서 작성한 윈도우 11 설치 USB로 컴퓨터를 부팅합니다.

> **TIP** 반드시 백업한 뒤에 진행하세요
>
> 기존 데이터가 있는 컴퓨터라면 꼭 안전한 장소에 백업한 뒤에 진행합니다.

02 윈도우 11 설치 화면이 나타납니다. 언어, 시간, 키보드 종류를 확인하고 [다음]을 눌러, [지금 설치]
를 누릅니다.

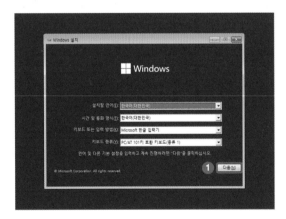

03 윈도우 11 제품 키를 입력하고 [**다음**]을 누르거나, [**제품 키가 없음**]을 눌러 윈도우가 설치된 후에 정품 인증할 수 있습니다.

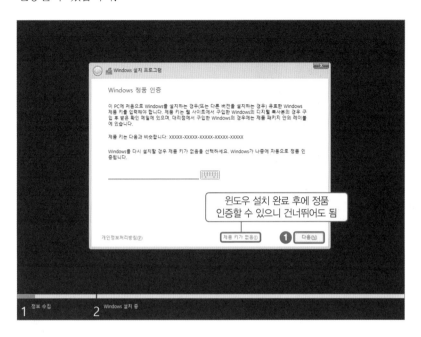

설치할 운영 체제 종류를 선택하고 [**다음**]을 클릭합니다. 자신이 구매한 윈도우 11 에디션을 선택하면 됩니다. **Link** '설치할 수 없다'는 메시지가 나오면 윈도우 11 미지원 컴퓨터용 설치 USB 만들기를 참고하세요(60쪽).

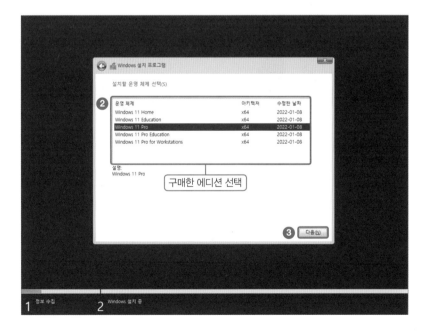

04 소프트웨어 사용 조건을 읽고 [다음]을 누릅니다. 여기서는 새로 설치하는 방법을 설명하므로, [사용자 지정: Windows만 설치(고급)]를 선택합니다.

05 윈도우를 설치할 드라이브를 지정하고 [다음]을 누르면 윈도우 11을 설치합니다.

 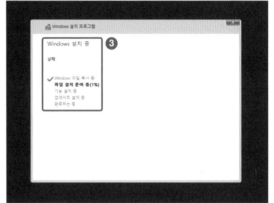

TIP 포맷을 사용하면 깨끗하게 설치 가능

중요한 데이터가 모두 백업되어 있다면 포맷을 사용해 디스크를 깨끗한 상태로 만들어 윈도우를 설치할 수도 있습니다.

06 설치되면 [**다시 시작**]을 눌러 재부팅한 뒤 국가(지역)을 선택하고 [**예**]를 누릅니다.

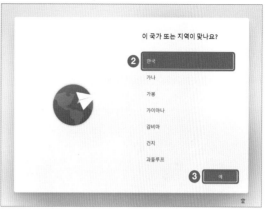

07 키보드는 기본 값인 [**Microsoft 입력기**]를 선택하고 [**예**]를 누릅니다. 두 번째 키보드 레이아웃은 추후에 추가할 수 있으므로 [**건너뛰기**]합니다.

08 컴퓨터 이름을 지정합니다. 15자 이하로 입력한 뒤 [**다음**]을 누르고 컴퓨터를 다시 시작합니다.

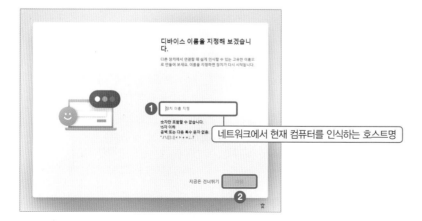

네트워크에서 현재 컴퓨터를 인식하는 호스트명

09 컴퓨터를 사용하는 위치에 따라 개인용/회사 또는 학교용으로 설정할 수 있습니다. 개인용을 선택하면 마이크로소프트 계정을, 회사나 학교용을 선택하면 마이크로소프트 365 또는 액티브 디렉터리(Active Directory) 계정으로 로그인합니다. 마이크로소프트 계정이 없다면 새로 만들어 접속하세요. `Link` 자세한 방법은 77쪽을 참고하세요.

10 [PIN 만들기]를 눌러 6자 이상 문자를 입력해 로그인 전용 암호를 만들고 [확인]을 누릅니다.

 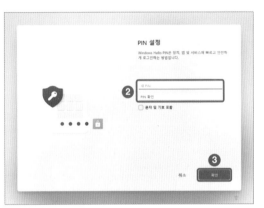

11 위치 서비스와 내 장치 찾기 기능을 사용할지 선택합니다.

12 진단 데이터 및 타이핑 데이터의 전송 기능을 사용할지 선택합니다.

13 진단 데이터, 광고 ID 기능을 사용할지 선택합니다.

14 사용자의 관심 사항을 고릅니다. 해당되지 않는다면 [**건너뛰기**]를 클릭합니다. OneDrive를 통해 **파일 백업**에서는 바탕 화면, 문서, 사진 폴더를 마이크로소프트의 클라우드에 백업할지 선택합니다. 원하는 경우 [**다음**]을, 원하지 않는다면 [**이 PC에 파일 저장만**]을 선택합니다.

 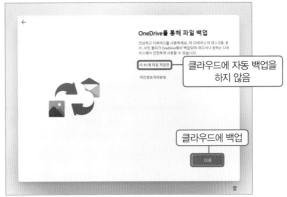

15 선택 사항을 모두 고르면 최종 설치가 진행됩니다. 완료되면 반가운 윈도우 11 바탕 화면이 나타납니다.

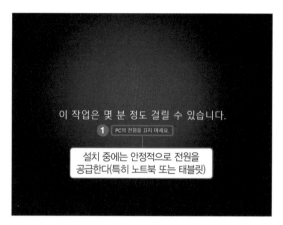

설치 후 반드시 필요한 설정들

윈도우 정품 인증하기

01 윈도우 11을 정상적으로 사용하려면 정품 인증이 필요합니다. [**검색**] 단추를 눌러 '정품'을 입력해 [**정품 인증 문제 해결**]을 클릭합니다.

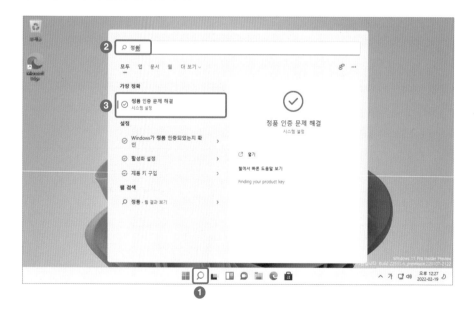

정품 인증 제어판이 나오면 **제품 키 변경**의 [**변경**]을 클릭합니다.

아크몬드 특강 | **윈도우 11이 이미 인증된 상태라면 제품 키 변경이 필요 없습니다.**

윈도우 11이 인증된 상태라면 다음과 같이 '활성화 상태'가 '활성'으로 나타납니다. 제품이 이미 활성화된 상태이므로 정품 인증 과정이 생략됩니다.

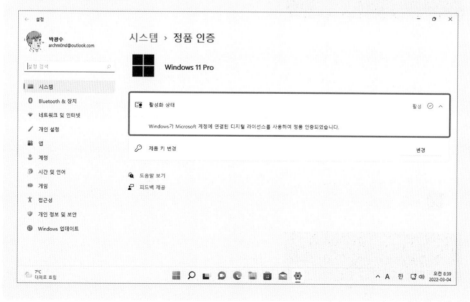

02 윈도우 11 제품 키를 입력하고 **[다음]**을 클릭합니다.

[정품 인증]을 눌러 제품 인증을 시작합니다.

03 '**Windows 정품 인증을 받았습니다**'가 나타나면 **[닫기]**로 완료합니다.

윈도우를 최신 상태로 유지하기

01 윈도우 11을 새로 설치한 상태라고 하더라도, 최신 버전이 아닐 수도 있습니다. [검색] 단추를 눌러 'windows 업데이트'를 입력해 [Windows 업데이트 설정]에 들어갑니다.

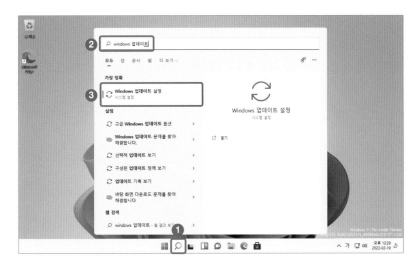

Windows 업데이트 화면이 나타나면 [업데이트 확인]을 클릭합니다.

02 컴퓨터에 필요한 업데이트 목록이 나타납니다. **[다운로드 및 설치]**를 눌러 설치합니다. 필요에 따라 컴퓨터를 다시 시작해야 할 수 있습니다.

간편 로그인 설정하기

Windows Hello는 PIN, 지문, 얼굴 인식 등으로 윈도우에 간편하게 로그인하는 기능입니다. 여기서는 얼굴 인식으로 로그인하기 위한 설정 방법을 알려드립니다.

01 **[시작 메뉴]**를 눌러 **[설정]**에 들어갑니다.

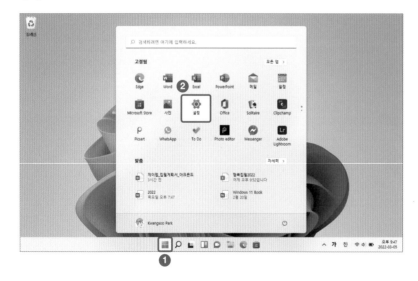

좌측의 [계정] 메뉴를 클릭해 [로그인 옵션]에 들어갑니다.

02 [얼굴 인식(Windows Hello)]를 눌러 [설정]을 클릭합니다.

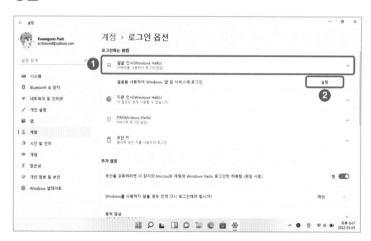

Windows Hello **시작** 화면이 나타나면 [**시작**]을 클릭합니다.

03 카메라에 얼굴을 비추면 사용자의 얼굴을 등록합니다. **모두 설정되었습니다**가 나오면 **[닫기]**를 누릅니다.

TIP 안경을 쓴다면 인식 기능 향상을 체크하세요

평소에 안경을 착용한다면 '인식 기능 향상'을 눌러 안경을 쓴 얼굴도 등록하면 인식률이 높아집니다.

아크몬드 특강 | **장치에 따라 간편 로그인 지원 여부가 다릅니다**

사용하는 장치에 따라 얼굴 로그인이나 지문 등을 지원하지 않는 경우가 있습니다. 현재 사용 중인 장치에서 지원되는 기능만 설정할 수 있습니다.

LESSON 03

마이크로소프트 계정 활용하기

윈도우 11 설치 화면에서 마이크로소프트 계정 로그인을 안내합니다. 만약 이전에 마이크로소프트 365(오피스), 스카이프(Skype), 엑스박스(Xbox), 원드라이브(OneDrive) 등을 사용하고 있다면 이미 마이크로소프트 계정을 사용하고 있는 상태입니다. 윈도우 11 초기 버전에서는 가정용 홈 에디션만 마이크로소프트 계정 로그인을 필수적으로 요구했지만, 최근에는 프로 에디션 이상에서도 마이크로소프트 계정으로 로그인하도록 유도하고 있습니다. 점점 더 필수적인 마이크로소프트 계정을 이번 기회에 만들고 연계하여 사용해 보세요.

■■ 윈도우 11에서 마이크로소프트 계정으로 로그인하면 누리는 혜택들

사용자 맞춤 서비스 제공 마이크로소프트 계정을 사용하면 윈도우 11에 해당 계정으로 로그인하는 것 외에도 몇 가지 이점이 있습니다. 사용자 설정을 백업하고 있으므로 여러 장치에서 동기화할 수 있는 기능을 제공합니다.

마이크로소프트 계정으로 로그인한 기간 동안 설정 동기화

최근에 작업한 문서를 시작 메뉴의 하단에서 보여주는 등, 잘 보이지 않는 곳에서도 세심하게 사용자에게 맞춘 서비스를 제공합니다.

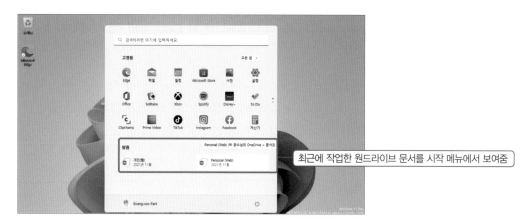

최근에 작업한 원드라이브 문서를 시작 메뉴에서 보여줌

각종 서비스 연계 원드라이브나 채팅(Microsoft Teams) 등의 서비스를 사용할 수 있습니다. 마이크로소프트 계정으로 로그인만 하면 간편하게 여러 서비스를 활용할 수 있습니다. 특히 원드라이브는 파일 탐색기나 시스템 설정과 긴밀하게 연계되어 있으므로, 꼭 마이크로소프트 계정으로 로그인하여 활용하기를 추천합니다.

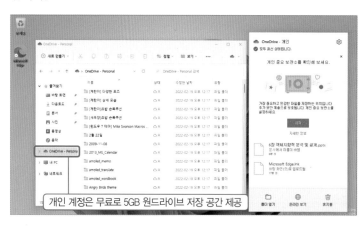

개인 계정은 무료로 5GB 원드라이브 저장 공간 제공

스토어 등 일부 기능 제한 풀림 마이크로소프트 계정으로 로그인하지 않으면 스토어(Microsoft Store), 엑스박스(Xbox) 등의 서비스를 부분적으로만 이용할 수 있습니다. 윈도우 11을 최대한으로 활용하려면 마이크로소프트 계정으로 로그인하세요.

마이크로소프트 계정 새로 만들기

01 마이크로소프트 계정이 없다면 마이크로소프트의 계정 생성 웹사이트(https://account.microsoft.com/)에 접속해 [Microsoft 계정 만들기]를 눌러 새 계정을 만들 수 있습니다.

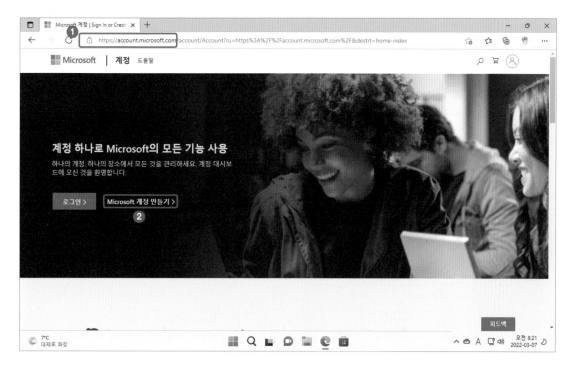

개인 정보 보호 약관이 나오면 **[동의]**를 클릭합니다.

02 **계정 만들기** 화면이 나타나면 원하는 계정 이름을 입력하고 도메인을 선택한 뒤, **[다음]**을 누릅니다. 암호를 입력한 뒤, **[동의하고 계정 만들기]**를 누르면 새 아이디를 만들 수 있습니다.

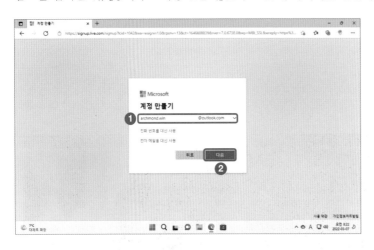

📊 마이크로소프트 계정으로 로그인하기

01 윈도우 11을 마이크로소프트 계정으로 로그인합니다. [**시작 메뉴**]를 눌러 [**설정**]에 들어갑니다. 왼쪽 바의 [**계정**] 메뉴를 눌러 [**사용자 정보**]를 클릭합니다.

02 사용자 정보의 **계정 설정**의 오른쪽에 [**대신 Microsoft 계정으로 로그인합니다.**]를 클릭해 마이크로소프트 계정으로 로그인합니다.

03 로그인하면 로컬 계정에서 Microsoft 계정으로 사용자 정보가 바뀐 것을 알 수 있습니다.

마이크로소프트의 계정 웹사이트에 접속하면 사용자 이름 등을 변경할 수 있습니다.

MEMO

CHAPTER
03

아는 만큼 편해지는
윈도우 11 기본 도구

윈도우 11의 새로워진 화면 구성을 살펴보고 시작 메뉴와 작업 표시줄,
파일 탐색기와 엣지 브라우저의 기본적인 사용법을 소개합니다.
고급 기능으로 가상 데스크톱을 활용한 멀티태스킹 활용법까지 알려드립니다.

모바일/데스크톱을 아우르는 확 바뀐 인터페이스

윈도우 11 인터페이스의 특징은 익숙한 형태에서 더 개인화된 사용자 인터페이스를 제공한다는 점입니다. 눈에 확 띄는 차이는 좌측 하단의 시작 메뉴의 단추가 화면 중앙으로 이동한 것입니다. 작업 표시줄의 아이콘들도 이전과 달리 중앙에 배열되어 있습니다. 시작 메뉴는 사용자가 이전에 열었던 항목을 보여 줍니다. 스마트폰과 태블릿에서 작업하던 클라우드(원드라이브) 문서를 연동해 줍니다. 사용자는 클릭 한 번으로 필요한 항목을 찾고 작업을 이어갈 수 있습니다.

아크몬드 특강 | 주요 단축키 쉽게 외우기

바탕 화면으로 바로가기: 바탕 화면을 빠르게 확인합니다.
- ▪ Windows + D ※Desktop(바탕화면)의 D입니다.
- ▪ 마우스/터치: 화면 우측 하단 모서리를 클릭

시작 메뉴 열기: 윈도우의 모든 작업은 시작 메뉴에서 시작됩니다.
- ▪ Windows 또는 Ctrl + Esc

화면 잠그기: 자리를 비울 때 활용해 보세요.
- ▪ Windows + L ※Lock(잠금)의 L입니다.

검색 창 열기: 시작 메뉴에서 검색 키워드를 입력하면 검색 창을 별도로 열지 않아도 빠르게 찾을 수 있습니다.
- ▪ Windows + S ※Search(찾기)의 S입니다.
- ▪ Windows + Q

작업 보기: Alt + Tab 은 잊어버리세요! 윈도우 11의 새로운 작업 보기를 활용해 보세요.
- ▪ Windows + Tab

가상 데스크톱: 가상 데스크톱 관련 단축키는 Windows 와 Ctrl 만 기억하세요.
- ▪ 가상 데스크톱 만들기: Windows + Ctrl + D ※Desktop의 D입니다.
- ▪ 가상 데스크톱 전환(왼쪽 또는 오른쪽): Windows + Ctrl + ← 또는 →
- ▪ 가상 데스크톱 닫기: Windows + Ctrl + F4 ※기존의 창 닫기 단축키가 Alt + F4 인 것에서 차용되었습니다.

위젯: 신경 쓰이는 정보를 가끔 확인하기 좋습니다.
- ▪ Windows + W ※Widget의 W입니다.

빠른 설정: 배터리/와이파이 설정을 자주 바꾸게 되는 노트북이나 태블릿에서 유용합니다.

- Windows +A ※예전에 Action Center라고 불린 기능이기에, A입니다.

알림 센터: 스마트하게 알림을 확인해 보세요.

- Windows +N ※Notification(알림)의 N입니다.

이모지: 따듯한 대화를 위해 활용해 보세요.

- Windows +. 또는 ;

사용자를 중심으로! 중앙으로 배열된 작업 표시줄

친숙한 운영체제이지만 동시에 새로운 시작을 알리는 윈도우 11의 바탕 화면입니다. 화면 중앙의 작업 표시줄에 시작 메뉴와 앱 아이콘이 표시됩니다.

> **아크몬드 특강** | **윈도우 11 기본 바탕 화면의 의미**
>
> 꽃에서 영감을 얻은 푸른 이미지는 Bloom(꽃피우다)이라는 이름으로, 윈도우 11의 기본 배경화면으로 제공됩니다.

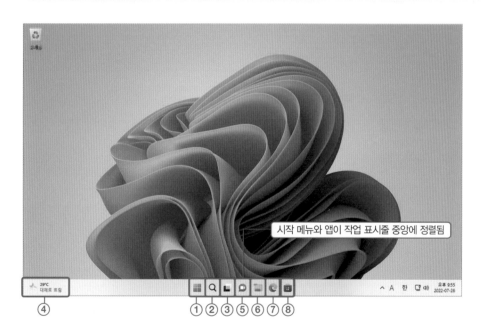

시작 메뉴와 앱이 작업 표시줄 중앙에 정렬됨

① **시작:** 시작 메뉴를 표시합니다.

② **검색:** 검색 화면을 열어 웹, 앱, 설정 및 파일을 검색합니다.

③ **작업 보기:** 여러 개의 바탕 화면을 만들어 다양한 작업을 정리합니다.

④ **위젯:** 최신 뉴스나 날씨, 일정과 사진 등을 표시합니다.

⑤ **채팅:** 팀즈(Microsoft Teams)를 사용해 화상 회의 및 채팅을 시작합니다.

⑥ **파일 탐색기:** 파일 및 폴더를 관리합니다.

⑦ **Microsoft Edge(마이크로소프트 엣지):** 윈도우 11의 기본 웹 브라우저를 엽니다.

⑧ **Microsoft Store(마이크로소프트 스토어):** 앱과 게임을 다운로드할 수 있는 스토어를 표시합니다.

Link 익숙하지 않은 윈도우 11 화면을 윈도우 10처럼 설정하려면 '낯선 인터페이스를 익숙한 윈도우 10처럼 설정하기(99쪽)'를 살펴보세요. 특히 **[시작 메뉴]** 단추는 윈도우 95부터 윈도우 10까지 25년이 넘는 시간 동안 작업 표시줄의 좌측 하단에 있었습니다. 윈도우 11의 변화가 익숙지 않은 분은 참고하여 마음의 안정을 찾으시길 바랍니다.

태블릿처럼 쓰는, 시작 메뉴

시작 메뉴 살펴보기 [시작]을 누르면 화면 중간에 새로운 시작 메뉴가 표시됩니다. 시작 메뉴는 크게 두 부분으로 나눠집니다. 자주 사용하는 앱을 모아둔 **고정됨** 영역과, 작업 중인 문서나 최근에 추가한 앱이 표시되는 **맞춤** 영역입니다. 시작 메뉴는 중앙에 배치되어 있고 아이콘들의 간격이 넓어져 태블릿에서 터치하기 쉬운 것이 특징입니다. 태블릿이나 스마트폰에서 수정한 문서가 윈도우 11의 시작 메뉴에서 그대로 표시되어 물 흐르듯 작업을 이어갈 수 있습니다.

컴퓨터에 설치된 모든 프로그램을 살펴보려면 [모든 앱] 단추를 누릅니다. 자주 사용하는 앱은 [마우스 우클릭]을 하고 [시작 화면에 고정]해 사용하세요. 최근 작업한 문서 등을 더 보려면 시작 메뉴에서 [자세히] 단추를 누릅니다.

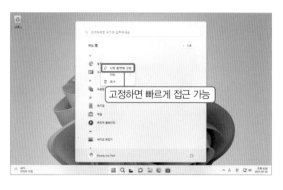

관련 있는 항목을 폴더로 묶기 시작 메뉴에서 관련된 항목은 폴더로 묶어 보기 좋게 정리할 수 있습니다. 앱을 다른 앱 위로 드래그하여 폴더를 만들고, 폴더 내에 앱을 배열하고 제거할 수 있습니다.

폴더의 제목을 클릭해 적절히 이름을 붙이면 더욱 편리합니다.

TIP 시작 메뉴 레이아웃을 취향대로 꾸미기

[시작 설정]으로 시작 메뉴를 사용자화할 수 있습니다. 작업 표시줄의 [검색] 단추를 누른 뒤, 검색 상자에 '시작 설정'을 입력해 실행합니다. 시작 메뉴의 레이아웃을 변경해 보세요. 그리고 옵션 중 [가장 많이 사용하는 앱 표시]를 켜두면 자주 쓰는 앱을 추천해 앱 실행이 편리해집니다.

 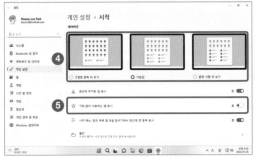

앱을 많이 표시하려면 [고정된 항목 더 보기]를, 최근 문서를 한눈에 찾아보려면 [권장 사항 더 보기]를 선택하세요.

▲ 고정된 항목 더 보기　　　　　　　　▲ 권장 사항 더 보기

사용자 계정, 전원 단추 사용하기 시작 메뉴 왼쪽 아래에는 사용자 계정 아이콘이 있습니다. 화면을 잠그거나 로그아웃할 수 있습니다.

그리고 우측 하단에는 [전원] 단추가 있습니다. 절전, 시스템 종료, 다시 시작을 선택할 수 있습니다.

- **로그아웃**: 컴퓨터를 종료하지 않은 채 사용 중인 계정만 종료됩니다. 해당 계정에서 작업 중인 프로그램이 모두 종료됩니다.

- **잠금**: 로그아웃과 달리 프로그램을 종료하지 않고 화면만 잠금 화면으로 변경합니다. 다시 로그인하지 않으면 사용할 수 없으므로 회사나 카페 등에서 자리를 비울 때 보안을 유지하기 위해 사용합니다.

- **절전(슬립 모드)**: 전력을 절약하면서, 작업 화면으로의 복귀 속도가 매우 빠른 대기 방식입니다. 대기 시 적은 전력을 사용하여 시스템을 유지하고 있는 상태입니다. 키보드를 누르거나, 전원 단추를 누르면 이전 상태로 돌아옵니다. 이동이 잦은 노트북이나 태블릿에서 유용합니다.

- **시스템 종료**: 작업 중인 프로그램과 운영체제를 중단하고 컴퓨터를 끕니다. 전력을 아낄 수 있지만 시스템이 기동하는 데에는 시간이 걸립니다. 성능이 높고 많은 전력을 사용하는 데스크톱에서 유용합니다.

TIP 아는 사람만 쓰는 Win-X 메뉴 발견하기

시작 메뉴를 **[마우스 우클릭]**하면 다양한 바로가기가 제공됩니다. 동일한 기능을 호출하는 키보드 단축키가 Windows+X이므로 Win-X 메뉴라고 부릅니다. 컴퓨터 관리와 관련된 메뉴, 작업 관리자 및 설정, 실행 등 고급 기능에 곧바로 접근할 수 있습니다. 참고로 필자는 업무 종료 후 빠른 퇴근을 위해 Windows+X를 누른 뒤, U를 두 번 눌러 빠르게 시스템을 종료하는 기능을 애용하고 있습니다.

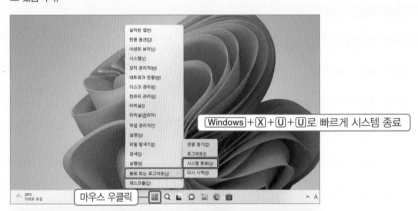

⊞ 고수만 아는 시간 절약 팁, 검색

작업 표시줄에서 [검색] 아이콘을 클릭하면 앱(프로그램), 문서, 웹을 검색할 수 있습니다. 파일을 직접 찾을 필요가 없어 간편하며, 원하는 프로그램명을 키보드로 입력해 빛의 속도로 실행할 수 있습니다. 카테고리 (앱, 문서, 웹 등)를 먼저 선택한 뒤 키워드를 입력하면 더 정확하게 찾을 수 있습니다.

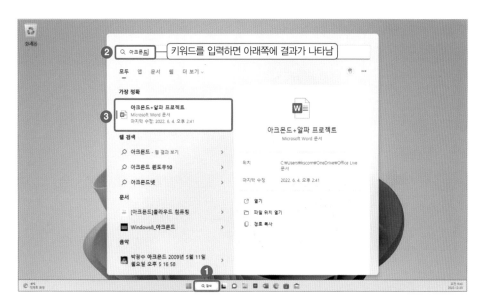

TIP **구체적인 카테고리를 선택해서 검색하기**

검색 화면에 기본적으로 표시된 '앱, 문서, 웹' 이외에도 동영상, 사람, 사진, 설정, 음악, 전자 메일, 폴더를 선택적으로 검색할 수 있습니다. 필자는 컴퓨터의 설정을 바꾸고 싶을 때 복잡한 설정(제어판)에 들어가지 않고 검색 기능을 활용해 원하는 설정만 골라 빠르게 접근하는 것을 좋아합니다.

▦ 날씨와 뉴스를 한눈에 확인, 위젯

날씨 예보나 뉴스가 궁금하거나 다음 일정 등을 확인하고 싶을 때는 작업 표시줄의 위젯을 켜면 됩니다. 스마트폰에 추가한 위젯처럼 굳이 앱을 기동하지 않아도 가볍게 정보를 훑어볼 수 있습니다. 기본 위젯 외에 다른 항목을 추가할 때에는 상단의 [+단추(위젯 추가)]를 누르면 됩니다.

뉴스와 날씨 등을 한눈에 확인

아직은 위젯 수가 충분치 않지만 향후 많은 위젯이 지원될 것으로 기대합니다.

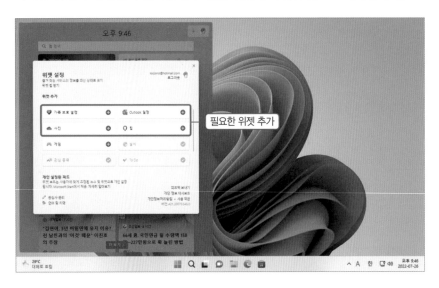

필요한 위젯 추가

기존 위젯 아래쪽에 추가됨

■■ 자주 쓰는 기능은 신속하게, 빠른 설정

작업 표시줄 우측의 **네트워크/음량/배터리** 영역을 누르면 빠른 설정이 나타납니다. 스마트폰의 제어 화면처럼 기기의 각종 기능을 간편하게 조절할 수 있습니다. 기본적으로 무선랜(Wi-Fi)이나 비행기 모드, 블루투스(Bluetooth) 등을 끄고 켤 수 있습니다.

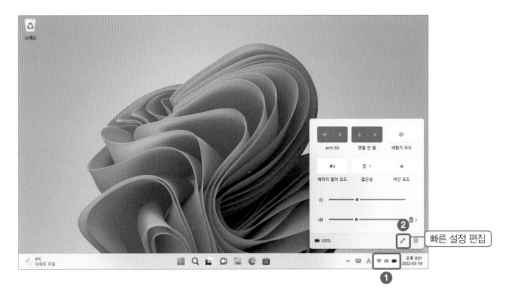

빠른 설정 편집

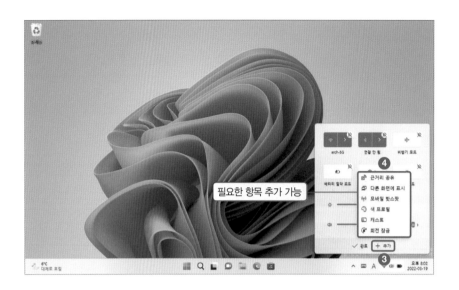

또한 화면 밝기와 음량의 조절을 할 수 있으며 숨겨진 기능이 많으니 자주 사용하는 기능을 추가해 두면 좋습니다.

아크몬드 특강 | 빠른 설정 항목 소개

- 📶 **WiFi**: 무선 네트워크를 끄고 켭니다. ⟩를 누르면 접속할 대상을 변경할 수 있습니다.
- ⁍ **Bluetooth**: 블루투스를 끄고 켭니다.
- ✈ **비행기 모드**: 컴퓨터의 모든 무선 통신을 차단합니다.
- 🔋 **배터리 절약 모드**: 백그라운드에서 실행하는 앱 활동과 푸쉬 알림을 제한하여 배터리 수명을 연장합니다.
- ✳ **접근성**: 돋보기, 색상 필터, 내레이터, 모노 오디오, 라이브 캡션, 고정 키를 끄고 켤 수 있습니다.
- ☼ **밝기**: 모니터 밝기를 조절합니다.
- ◀ **음량**: 소리 크기를 조절하거나 ⟩를 누르면 출력하기 원하는 스피커를 고를 수 있습니다.
- 🖧 **근거리 공유**: 주변의 윈도우 장치와 파일, 사진 및 링크를 공유합니다.
- 🖵 **다른 화면에 표시**: 추가 모니터나 프로젝터와 연결한 경우 화면 복제 설정을 조절합니다.
- 📶 **모바일 핫스팟**: 테더링(Tethering)으로도 불리며 컴퓨터의 네트워크를 사용해 다른 스마트폰, 태블릿, 노트북 등에 인터넷을 공유하는 기능입니다.
- 🌙 **야간 모드**: 화면을 따뜻한 색으로 변경해 수면을 방해한다고 알려진 블루 라이트를 줄여 줍니다.
- 🖴 **캐스트**: 미라캐스트(Miracast)를 지원하는 장치로 컴퓨터의 화면을 미러링(Mirroring)합니다.
- ⟲ **회전 잠금**: 태블릿의 경우 장치의 물리적인 방향에 따라 화면이 자동으로 회전하는데, 이를 비활성화하여 화면 방향을 고정합니다.

▪▪ 앱 알림과 달력, 알림 센터

윈도우 11에도 스마트폰처럼 알림 기능이 제공됩니다. 작업 표시줄 오른쪽 아래의 날짜와 시간 영역에서, 푸른 원의 숫자를 보면 새로 온 알림 개수를 알 수 있습니다. 달력은 기본적으로 감춰져 있어, **[더 보기(∧)]** 단추를 누르면 나타납니다. 여러 앱의 알림을 한눈에 확인할 수 있습니다.

▲ 앱 시스템 등 각종 알림   ▲ 달력 확인 가능

TIP 방해 금지 설정으로 필요 없는 알림을 한 번에 끄기

업무 혹은 가사 등으로 눈코 뜰 새 없이 바쁠 때, 혹은 집중이 필요하거나 쉬고 싶을 때 '방해 금지'로 필요한 알림만 받아보세요. **[알림 설정]**을 누르면 특정 시간대, 발표, 게임 플레이 중에 알림을 끄도록 설정할 수도 있습니다.

방해 금지가 활성화되면 아이콘이 나타남

⬛⬛ 다채로운 감정 표현, 이모지

이모지(이모티콘)는 기분과 상태를 표현하는 그림 기호입니다. 카카오톡과 같은 메신저에서 매일같이 활용하고 있는 기능이죠. 이제 이모지 없이는 대화가 자연스럽게 진행되지 않을 정도입니다. [Windows]+[.](온점) 혹은 [Windows]+[;](세미콜론)을 눌러 원하는 이모지를 입력합니다.

검색 창에 키워드를 입력하거나, 메뉴에서 이모지, GIF(움짤), 카오모지(얼굴 표정을 나타내는 특수문자 이모지) 기호 중 원하는 항목을 선택해 입력할 수 있습니다. 앞으로 특수문자를 입력하고 싶을 때, 이모지 입력 창을 떠올려 보세요.

■■ 터치 및 펜 제스처 마스터하기

윈도우 11은 마우스나 터치 패드, 터치 패널(터치 모니터), 펜(스타일러스) 모두에 대응하고 있습니다. 노트북이나 태블릿, 투인원 노트북 등 여러 형태의 장치에서 조작할 수 있습니다.

기본 조작법

터치 패드와 터치 패널의 제스처는 대부분 비슷하지만, 일부는 다릅니다. 기본적인 조작을 살펴봅니다.

마우스 제스처 종류	클릭/더블클릭	우클릭	스크롤
터치 패드	탭/두 번 탭(더블탭)	두 손가락으로 탭	두 손가락으로 가로 또는 세로로 쓸기
터치 패널(터치 모니터)	탭/두 번 탭(더블탭)	오래 누르고 떼기	한 손가락으로 가로 또는 세로로 쓸기
펜(스타일러스)	탭/두 번 탭(더블탭)	오래 누르고 떼기 혹은 우클릭 단추를 누른 상태로 탭	가로 또는 세로로 쓸기

터치 패드, 터치 패널 조작법

터치 패드와 터치 패널은 마우스보다 최신 기술입니다. 마우스로는 할 수 없는 고유한 제스처로 윈도우 11을 빠르게 활용할 수 있습니다.

한 손가락 제스처

제스처 종류	위젯 보기	알림 센터 열기	시작 메뉴 열기	빠른 설정 열기
화면				
터치 패드	해당 없음	해당 없음	해당 없음	해당 없음
터치 패널 (터치 모니터)	화면 왼쪽 가장자리에서 오른쪽으로 쓸기	화면 오른쪽 가장자리에서 왼쪽으로 쓸기	화면 아래(중간)에서 위로 쓸기	화면 아래(오른쪽)에서 위로 쓸기

두/세 손가락 제스처

종류 \ 제스처	확대/축소	바탕 화면 표시	모든 창 표시 /가상 데스크톱	창 전환하기	검색 화면 열기
화면					
터치 패드	두 손가락으로 펼치거나 오므리기	세 손가락으로 아래로 쓸기	세 손가락으로 위로 쓸기	세 손가락으로 좌우로 쓸기	세 손가락으로 탭
터치 패널 (터치 모니터)	두 손가락으로 펼치거나 오므리기	세 손가락으로 아래로 쓸기	세 손가락으로 위로 쓸기	세 손가락으로 좌우로 쓸기	해당 없음

TIP 가상 데스크톱 화면 만들기

제스처로 모든 창 표시를 만들 때, 세 손가락으로 위로 쓸기를 한 번 더 반복하면 가상 데스크톱 화면이 나타납니다.

네 손가락 제스처

종류 \ 제스처	가상 데스크톱 전환	알림 센터 열기	가상 데스크톱(현재 창)
화면			
터치 패드	네 손가락으로 좌우로 쓸기	네 손가락으로 탭	해당 없음
터치 패널 (터치 모니터)	네 손가락으로 좌우로 쓸기	해당 없음	네 손가락으로 탭

Link 태블릿 200% 활용하기로 제스처 설정, 터치 키보드, 가상 터치 패드, 필기 제스처 등의 노하우를 활용하여 여러분의 태블릿을 훨훨 날아다니게 하세요(262쪽).

■■ 낯선 인터페이스를 익숙한 윈도우 10처럼 설정하기

윈도우 95부터 윈도우 10까지 25년이 넘는 시간 동안 시작 단추는 작업 표시줄의 왼쪽 하단에 있었습니다. 윈도우 11의 변화가 익숙치 않은 분은 낯선 인터페이스를 최대한 윈도우 10처럼 바꾸어보세요.

01 작업 표시줄의 빈 공간에서 **[마우스 우클릭]**하고 **[작업 표시줄 설정]**에 들어갑니다. 작업 표시줄 항목에 있는 검색, 작업 보기, widget(위젯), 채팅을 모두 끕니다. 그리고 아래로 스크롤해서 **[작업 표시줄 동작]**을 누르면 **작업 표시줄 맞춤**이 펼쳐집니다. 이를 **[왼쪽]**으로 바꿉니다.

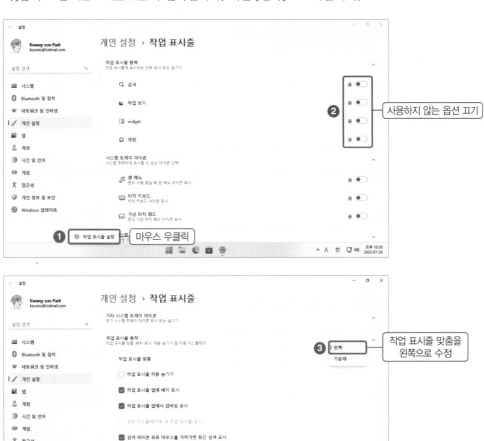

02 그러면 시작 메뉴의 단추가 좌측 하단에 위치하고, 윈도우 11에서 추가된 아이콘이 가려집니다. 이전 버전의 익숙한 인터페이스를 좋아한다면 작업 표시줄 설정을 바꿔 심신의 안정을 찾아보세요.

TIP 유료 앱(Start11)으로 인터페이스를 더욱 완벽하게 바꿀 수 있습니다.

스타독 웹사이트에서 Start11이라는 프로그램을 다운로드하면 윈도우7이나 10과 같은 인터페이스로 변경할 수 있습니다. 30일 간 무료로 체험할 수 있으며 약 9,866원으로 구매할 수 있습니다(2022년 11월 기준).

– 스타독 웹사이트: https://www.stardock.com/products/start11/

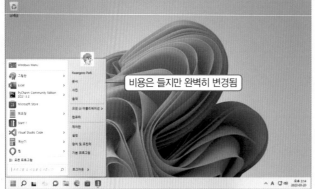

멀티태스킹

윈도우 11의 대표적인 멀티태스킹 기능으로 가상 데스크톱과 스냅이 있습니다. 가상 데스크톱으로 바탕 화면을 여러 개 만들어 편리하게 작업 영역을 확장할 수 있으며, 스냅으로 2개 이상의 앱을 보기 좋게 배열할 수 있습니다.

더욱 편리해진 가상 데스크톱, 현재 작업 보기

작업 표시줄의 [작업 보기]를 누르면 현재 실행 중인 앱을 한눈에 보고, 작업을 전환하거나 창을 닫을 수 있습니다. 앱이 축소되어 표시되므로 실행 중인 프로그램을 확인하기 좋습니다. 또한 필요 없는 창을 연속으로 닫을 수 있어 편리합니다.

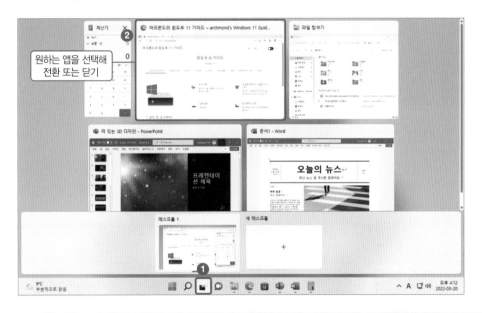

단축키 작업 보기: [Windows] + [Tab]

새 데스크톱 추가하기 가상 데스크톱은 바탕 화면(데스크톱)을 여러 개 만들어 사용하는 기능입니다. 다양한 앱을 여러 바탕 화면에 띄워 놓고 데스크톱을 전환하며 사용할 수 있어 편리합니다. 작업 보기 화면에서 [새 데스크톱]을 누르면 가상 데스크톱이 만들어집니다.

다른 데스크톱으로 앱을 이동하기 마우스로 드래그하면 가상 데스크톱 간에 앱을 옮길 수 있습니다. 또는 앱을 [마우스 우클릭] 후 옵션 창에서 [이동 위치]를 눌러 원하는 데스크톱을 선택하면 됩니다.

TIP 보기 쉽게 작업 화면별로 배경을 바꾸세요.

[작업 보기]를 통한 가상 데스크톱 기능은 그 자체로도 유용하지만, 작업 화면별로 이름을 붙이고, 배경을 바꾸면 더욱 개인화되고 가상 데스크톱 간에 전환이 쉬워집니다.

⬛⬛ 자유자재로 창을 정렬, 스냅 기능

창을 정렬하며 작업 효율을 높이는 스냅 많은 앱을 동시에 열어 작업하는 경우, 각 창을 빠르게 전환할 수 있고 보기 편하게 배치하는 것이 작업 효율을 올리는 지름길입니다. 스냅(창 자동 맞춤)을 사용하면 화면을 절반 혹은 사분할 등으로 나눠, 여러 창을 자동으로 정렬합니다.

▲ 많은 창(Windows)을 이용하는 윈도우 운영체제

▲ 창을 겹치지 않게 배열하여 한눈에 확인

스냅 레이아웃에서 원하는 배열을 골라 바로 정렬하기 스냅은 윈도우 8부터 제공되는 기능으로, 지금까지는 창을 직접 드래그해 원하는 곳까지 끌지 않으면 스냅이 작동하지 않았습니다. 윈도우 11부터는 창의 **[최대화/최소화]** 단추에서 원하는 정렬 방식을 고르기만 하면 됩니다. 배열할 창의 최대화 단추에 마우스 커서를 올리면 분할될 창의 레이아웃이 나타납니다. 여기서 원하는 곳의 위치를 클릭하면 창이 배열됩니다.

단축키 스냅 레이아웃(화면 분할) 열기: Windows + Z

그리고 다른 창을 선택하면 남은 화면까지 한 번에 채울 수 있습니다.

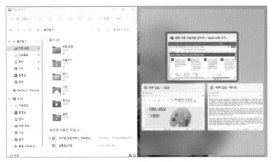 

▲ 다른 창을 선택하면 해당 위치에 창이 배치됨

화면 상단으로 창을 끌어 스냅 레이아웃 선택하기 먼저 정렬할 창을 화면의 위쪽으로 드래그합니다. 스냅 레이아웃이 나타나면, 원하는 레이아웃에 드래그한 창을 가져다 놓으면 됩니다. 태블릿 기기를 사용할 때는, 제스처로 사용할 수도 있습니다.

선택한 배열에 따라 창이 자동으로 정렬됩니다. 그리고 다른 창을 선택하면 남은 화면을 채울 수 있습니다.

▲ 다른 창을 선택하면 해당 위치에 창이 배치됨

단축키 키보드로 창 정렬하기: Windows + ← 또는 →

정렬할 창을 선택해 Windows + ← 또는 →를 눌러 화면의 좌/우 절반을 채우는 스냅 기능을 활용할 수 있습니다. 다양한 방식으로 분할하긴 힘들지만, 좌우로 화면을 비교하며 배치하는 경우에는 효과적입니다.

LESSON 03 파일 탐색기

파일 탐색기는 윈도우의 심장부입니다. 파일이나 폴더를 관리하며, 검색 기능으로 작업할 파일을 빠르게 찾을 수 있습니다. 최신 버전에 걸맞은 편리한 사용법을 알아보고 새로워진 단축 메뉴까지 알아보세요.

■■ 파일 탐색기의 새로운 UI에 완벽히 입문하기

도구 모음(메뉴) 살펴보기

파일 탐색기는 파일이나 폴더를 관리하는 도구입니다. 윈도우 8 이후부터 파일 탐색기는 리본(Ribbon) 스타일의 UI이었습니다. 마이크로소프트 오피스도 비슷한 인터페이스를 채용했지만, 한 화면에 기능이 너무 많아 사용하기 힘들고, 사용할 기능을 찾아 탭을 계속 전환해야 하는 불편함이 있었습니다. 리본 UI는 가로로 자리를 많이 차지하므로 해상도가 낮은 모니터에서는 화면이 잘리는 문제도 발생합니다. 현재 윈도우 11의 파일 탐색기는 리본 UI를 폐지하고 간략한 메뉴를 제공합니다.

▲ 이전 버전의 복잡한 리본 UI는 필요한 기능이 있는 탭을 계속 전환해야 함

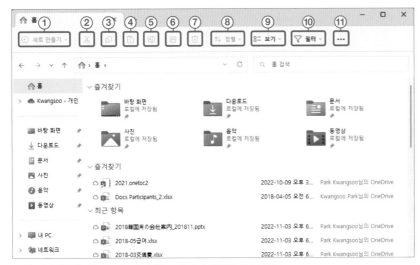

▲ 한 줄의 간단한 메뉴로 자주 쓰지 않는 기능은 [자세히 보기]로 제공

① **새로 만들기:** 폴더나 파일 등을 새로 작성하기

② **잘라내기:** 선택한 항목을 잘라내기

③ **복사:** 선택한 항목을 복사하기

④ **붙여넣기:** 선택한 곳에 붙여넣기

⑤ **이름 바꾸기:** 선택한 항목의 이름을 변경하기

⑥ **공유:** 공유 메뉴를 표시하기

⑦ **삭제:** 선택한 항목을 지우기

⑧ **정렬:** 파일이나 폴더를 정렬 또는 분류하는 순서를 변경하기

⑨ **보기:** 파일이나 폴더의 표시 방법을 바꾸기

⑩ **필터:** 표시하기 원하는 파일 형식만 추려서 표시하기

⑪ **자세히 보기:** 선택한 파일이나 폴더에 대한 추가 옵션을 표시하기

단축키 파일 탐색기 열기: Windows + E

파일 및 폴더 기본 조작하기

파일 또는 폴더 새로 만들기 파일 탐색기에서 새 폴더나 파일을 작성할 경우 [메뉴]에서 [새로 만들기]를 클릭해 원하는 항목을 선택하고, 이름을 입력하고, Enter 를 누르면 됩니다. 폴더, 바로 가기, 오피스 문서 등을 새로 만들 때 활용해 보세요.

단축키 새 폴더 만들기: `Ctrl` + `Shift` + `N`

파일 또는 폴더 복사 및 붙여넣기 파일 또는 폴더 관리에 기본인 복사 및 붙여넣기입니다. 항목을 선택하여 [복사]를 누른 뒤 복사본을 만들 곳으로 이동하여 [붙여넣기]를 클릭하면 원하는 위치로 복사본을 만들수 있습니다.

단축키 복사하기: `Ctrl` + `C`, 붙여넣기: `Ctrl` + `V`

파일이나 폴더를 이동하기(잘라내기, 붙여넣기) 파일이나 폴더를 이동하려면, 항목을 잘라내어 원하는 위치로 붙여넣으면 됩니다. 복사와 비슷하지만, 붙여넣은 곳에만 항목이 남아있게 되는 점(원본이 삭제되는 점)이 다릅니다.

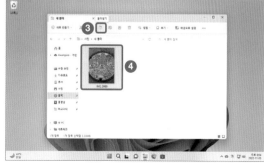

단축키 잘라내기: Ctrl+X, 붙여넣기: Ctrl+V

파일이나 폴더의 이름 바꾸기 파일이나 폴더의 이름을 변경하려면 항목을 선택해 [이름 바꾸기]를 실행하고, 명칭을 수정한 뒤, Enter를 누르면 됩니다.

 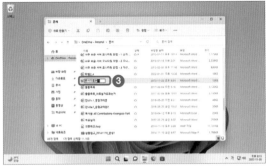

단축키 이름 바꾸기: 항목 선택 후 F2

아크몬드 특강 | 여러 파일의 이름을 한방에 바꾸는 법

컴퓨터를 사용하다 보면 파일이 점점 많아집니다. 파일 이름만 보고는 이해하기 어려운 경우가 발생하면, 사용자가 이름을 직접 변경하는 경우가 많습니다. 여러 파일을 일괄 선택하여 [이름 바꾸기]를 하면 '파일명(숫자)'로 변경되어, 선택한 항목 전체를 한 번에 바꿀 수 있습니다.

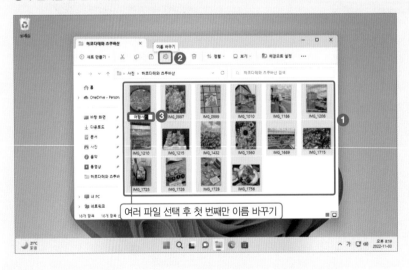

여러 파일 선택 후 첫 번째만 이름 바꾸기

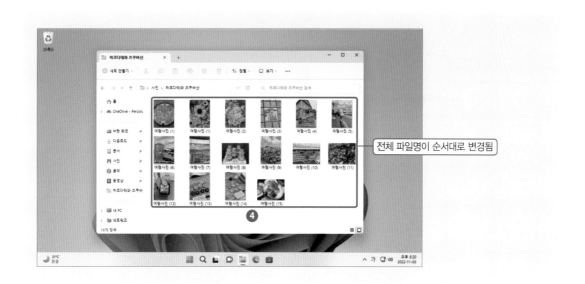

전체 파일명이 순서대로 변경됨

파일이나 폴더를 공유하기 메일 등으로 파일이나 폴더를 공유하고 싶은 경우, 파일 탐색기의 공유를 이용하면 편리합니다. 항목을 선택하고, **[공유]**를 눌러 **[메일]**을 선택하면, 받는 사람만 입력해 곧바로 메일을 보낼 수 있습니다.

파일이나 폴더를 삭제하기 파일이나 폴더를 삭제하려면 항목을 선택해 **[삭제]**를 누르면 됩니다.

아크몬드 특강 │ **삭제한 파일이나 폴더를 복원하는 법**

삭제한 항목은 일정 기간 동안 휴지통에 보관되어 있습니다. 삭제한 폴더나 파일을 복구하려면 바탕 화면의 [휴지통]을 열어 복원할 항목을 선택한 뒤, [마우스 우클릭] 후 나오는 단축 메뉴에서 [복원]을 선택하면 됩니다.

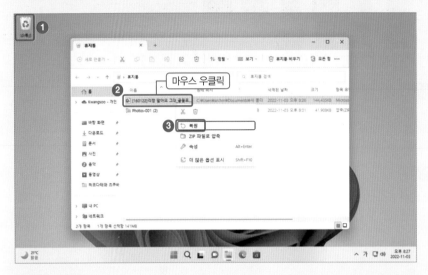

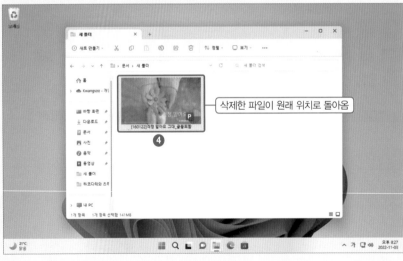

정렬과 분류로 전문가처럼 파일 탐색기 다루기

정렬이란?

정렬은 해당 폴더 내의 정렬 기준에 따라 오름차순이나 내림차순으로 목록을 보여주는 기능입니다. 정렬과 분류를 사용하면 파일을 종류별, 수정된 날짜별 등의 기준으로 찾기 쉽게 표시할 수 있습니다.

아이콘 보기에서 정렬하기 파일 탐색기의 [정렬] 메뉴를 눌러 원하는 정렬 방식을 선택합니다. 같은 방식을 한 번 더 선택하면 역순으로 정렬됩니다.

▲ 유형별 정렬　　　　　　　　　　　　　　　　　▲ 수정한 날짜별 정렬

자세히 보기에서 정렬하기 파일 목록의 위에 있는 **이름, 수정한 날짜, 유형, 크기** 중 원하는 정렬 방식을 선택하면 됩니다. 같은 방식을 한 번 더 선택하면 역순으로 정렬됩니다.

▲ 유형별 정렬

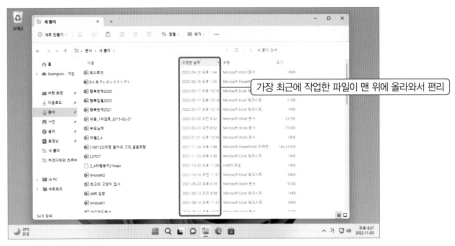

▲ 수정한 날짜별 정렬

TIP 필터로 원하는 카테고리만 표시하기

한 폴더에 여러 형식의 파일이 섞여 있는 경우, 매일 사용하는 폴더라면 파일 수가 많아 원하는 것만 선택하기 힘들어집니다. 예를 들어 엑셀 파일만 골라 표시하려면 어떻게 할까요? 유형의 우측에 있는 [▼(드롭 다운)] 단추를 눌러 [Microsoft Excel 워크시트]를 선택하면 됩니다.

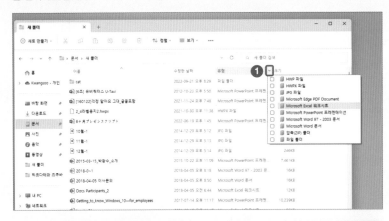

분류란?

분류 기능을 사용하면 이름, 날짜, 유형 등의 분류 유형에 따라 오름차순 또는 내림차순으로 그룹화됩니다. 정렬보다 확실히 구분되는 것이 특징입니다.

정렬된 파일을 분류하기 파일 탐색기의 [정렬] 메뉴를 눌러 [분류]에 들어가 원하는 정렬 방식을 선택합니다. 같은 방식을 한 번 더 선택하면 역순으로 정렬됩니다. 필자는 가장 최근에 작업한 파일을 우선해서 보고 싶을 때가 많아서, 수정한 날짜로 분류하는 것을 좋아합니다.

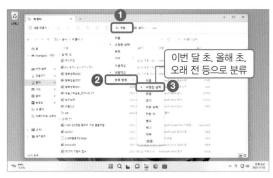

▲ 수정한 날짜별 분류

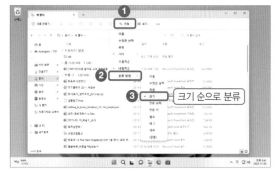

▲ 유형별 분류

TIP 분류하기 전으로 되돌리고 싶을 때

분류하기 전 원래 상태로 되돌리려면, 파일 탐색기의 [정렬] 메뉴에서 [분류 방법]의 [(없음)]을 선택하면 됩니다.

⬛ 표시 방법을 바꾸는 기능, 보기

파일 탐색기는 윈도우 11의 핵심 기능 중 하나라서 사용 빈도가 높으므로, 자신의 입맛에 맞게 설정하는 것이 좋습니다. **[보기]** 메뉴를 통해 원하는 표시 모드로 변경할 수 있습니다. 아이콘의 크기를 조절하거나 목록 형식 등으로 나타낼 수 있습니다.

▲ 큰 아이콘

▲ 타일

확장자를 표시하거나, 숨김 파일을 보려면 **[보기]** 메뉴의 **[표시]**에 있는 **[파일 확장명]** 또는 **[숨긴 항목]**을 선택합니다.

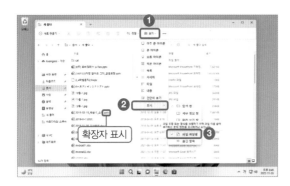

> **TIP** 한 화면에 항목을 더 많이 표시하기
>
> 윈도우 11의 좌측 탐색 창은 이전과 달리 넉넉한 여백을 갖고 있습니다. 한 화면에 더 많은 항목을 표시하려면 [보기] 메뉴에서 [간단히 보기]를 선택하면 됩니다. 파일 탐색기 항목의 상하 여백이 줄어 많은 정보를 한 번에 볼 수 있습니다.

파일 탐색기 도구 모음의 메뉴는 선택한 파일의 종류에 따라 표시되는 내용이 달라집니다.

▲ 사진 파일의 경우   ▲ 압축 파일의 경우

🔲 자주 쓰는 폴더를 즐겨찾기에 고정하기

파일 탐색기의 왼쪽 바는 탐색 창으로 불리는 영역입니다. 탐색 창의 즐겨찾기에 자주 쓰는 폴더를 고정하면 빠르게 이동할 수 있습니다. 반대로 자주 쓰지 않는 폴더는 고정을 해제하여 화면을 깔끔하게 유지할 수 있습니다.

자주 쓰는 폴더를 홈에 고정하기 자주 쓰는 폴더를 선택해 [마우스 우클릭] 후 단축 메뉴를 열어 [즐겨찾기에 고정]을 클릭하면 좌측의 즐겨찾기에 추가되어, 클릭 한 번으로 해당 폴더로 이동할 수 있습니다.

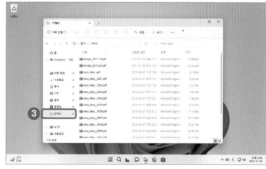

필요 없는 폴더를 고정 해제하기 자주 사용하지 않는 폴더를 선택하여 [마우스 우클릭] 후 단축 메뉴를 열고, [즐겨찾기에서 제거]를 누르면 즐겨찾기에서 사라집니다.

▦ 필요한 모든 것을 찾기, 검색

폴더 내 정보를 빠르게 찾고 싶다면 가장 좋은 방법은 검색을 활용하는 것입니다. 우측 상단의 검색 창에 키워드를 입력하고 [Enter]를 누르면 폴더 내의 해당되는 파일만 간추려 줍니다. 또한, 검색 옵션에서 원하는 조건을 입력하면 거기에 맞는 파일만 찾아주니 수많은 파일 속에서 필요한 것만 쏙쏙 고를 수 있습니다.

자주 찾는 검색 키워드 저장하기

자주 찾는 파일이나 폴더가 있다면 검색 결과를 홈에 추가해 보세요. 파일이나 폴더를 검색한 뒤, 우측 상단의 [자세히 보기]를 눌러 [즐겨찾기에 고정]하면 홈에 검색 키워드를 저장할 수 있습니다. 매번 별도로 검색할 필요 없이 고정된 검색 키워드만 클릭하면 바로 파일이나 폴더를 찾아 줍니다. 파일이 추가되거나 삭제되면 검색 결과도 바뀌므로 최신 결과를 확인할 수 있다는 장점도 있습니다.

 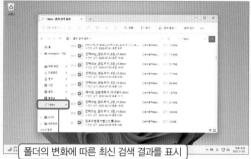

폴더의 변화에 따른 최신 검색 결과를 표시

단축키 파일 탐색기에서 검색하기: [F3]을 누른 뒤 키워드 입력

⚏ 드디어 들어왔다! 탭 사용하기

윈도우 역사상 최초로 파일 탐색기에 탭이 추가되었습니다. 웹 브라우저처럼 파일 탐색기 하나에서 여러 폴더를 열 수 있습니다.

탭 추가하기 파일 탐색기의 상단에 있는 [새 탭 추가]를 누르면 탭이 추가됩니다.

파일 탐색기에서도 탭 사용 가능

단축키 새 탭 열기: [Ctrl]+[T], 현재 탭 닫기: [Ctrl]+[W]

새 탭에서 열기 폴더를 선택하고, [마우스 우클릭] 후 단축 메뉴에서 [새 탭에서 열기]를 누르면 해당 폴더가 새 탭에서 표시됩니다.

단축키 탭 전환: Ctrl + 1 ~ 9(좌측부터 순서대로 탭 전환)

간단해진 단축 메뉴 살펴보기

파일 탐색기에서 [마우스 우클릭]을 누르면 나타나는 단축 메뉴가 크게 변했습니다. 기존에는 잘라내기, 복사, 삭제 등이 아래쪽에 있어서 마우스 커서를 많이 이동해야 했습니다. 하지만 윈도우 11에서는 자주 사용하는 기능을 단축 메뉴의 위쪽에 모아서, 원하는 작업을 바로 처리할 수 있습니다. 사용 빈도가 높은 것만 보여주기에, 이전과 같이 모든 메뉴를 표시하려면 [더 많은 옵션 표시]를 누르면 됩니다.

① **잘라내기:** 선택한 항목을 잘라내기
② **복사:** 선택한 항목을 복사하기
③ **이름 바꾸기:** 선택한 항목의 이름을 변경하기
④ **공유:** 공유 메뉴를 표시하기
⑤ **삭제:** 선택한 항목을 지우기

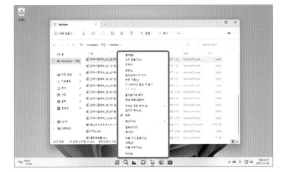

■ 원드라이브 활용하기

원드라이브(OneDrive)는 마이크로소프트에서 제공하는 클라우드 파일 공유 서비스입니다. 마이크로소프트 계정으로 로그인하면 파일 탐색기 좌측에 푸른색의 구름(Cloud) 아이콘이 보입니다. 내 컴퓨터의 파일이나 폴더를 인터넷상의 저장 공간에 올리거나, 다른 사람과 공유할 수 있어 협업에도 좋습니다.

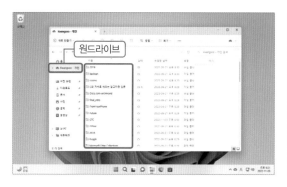

아크몬드 특강 | **원드라이브 기본 용량은 에디션마다 다르다**

개인 사용자의 경우, 기본적으로 5GB를 할당받습니다. 교육기관이나 기업의 경우 1TB를 사용할 수 있으며, 마이크로소프트 365를 구독하면 개인도 1TB로 용량이 늘어납니다(계약한 라이선스에 따라 달라질 수 있습니다).

원드라이브에 파일이나 폴더를 저장하기 파일이나 폴더를 선택한 뒤, [복사]하여 원드라이브에 [붙여넣기]하면 클라우드 저장소에 자동으로 저장됩니다.

원드라이브에 저장된 파일을 공유하면 '링크 보내기' 대화 상자가 표시됩니다. 공유할 사람에게 메일을 보내거나, 링크를 복사하여 카카오톡 등의 메신저를 통해 지인에게 링크를 전송할 수 있습니다.

▲ 링크 또는 메일로 공유 가능

파일 상태 확인하기 원드라이브 폴더에 들어가면 클라우드 저장소에 저장된 내용을 확인할 수 있습니다. 일반적인 폴더와는 다르게 내 컴퓨터에 저장된 파일인지, 클라우드에만 있는 파일인지 등을 확인할 수 있습니다.

상태 아이콘의 종류

아이콘	설명
⊘	클라우드 저장소에서 다운로드하여 컴퓨터에 저장된 항목 ※ 컴퓨터 공간이 부족하거나 일정 기간 동안 사용하지 않으면 으로 변경되기도 함(클라우드 저장소에 있고, 컴퓨터에 저장되어 있지 않은 항목)
⊙	항상 오프라인에서 사용할 수 있도록 컴퓨터에 저장된 항목
☁	클라우드 저장소에 있고, 컴퓨터에 저장되지 않은 항목 ※ 인터넷이 연결되어 있으면 사용 가능한 항목
⟳	동기화 중인 항목 ※ 다운로드 또는 업로드 시 표시됨
⚇	공유 중인 항목

내 컴퓨터에서 항상 사용할 수 있도록 저장하기 원드라이브는 클라우드 저장소이므로 인터넷을 사용할 수 없는 환경(오프라인)에서는 파일을 사용할 수 없습니다. 와이파이(WiFi)가 없는 곳에서 작업하는 경우, 또는 다운로드 없이 항상 내 컴퓨터에서 사용할 수 있도록 설정하려면 파일이나 폴더를 선택해 **[이 디바이스 항상 켜 놓기]**를 클릭하면 됩니다.

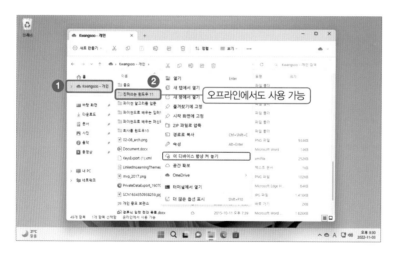

TIP 오프라인에서 사용할 수 있게 미리 다운로드하면 안정적입니다

출장이 잦은 직업이라면, 출장지에 가기 전에 오프라인에서 사용할 수 있도록 [이 디바이스 항상 켜 놓기]로 미리 파일이나 폴더를 다운로드하는 것을 추천합니다. 오프라인에서 안정적으로 작업할 수 있으며, 인터넷이 연결된 뒤에는 자동으로 동기화해주니 편리합니다.

인터넷에서 원드라이브 파일 확인하기 웹 브라우저를 통해 원드라이브에 저장된 폴더나 파일에 접근할 수 있습니다. 인터넷 상에 안전히 저장되어 있으므로 내 컴퓨터가 아니더라도 원드라이브에 접속하여 저장된 항목을 사용할 수 있습니다. onedrive.com에 접속해 마이크로소프트 계정으로 로그인하세요.

TIP 컴퓨터에서 삭제한 원드라이브 파일 복구하기

파일 탐색기에서 원드라이브 파일을 삭제한 뒤 복구하고 싶다면 어떻게 할까요? 바로 원드라이브 웹사이트에서 복구할 수 있습니다. onedrive.com에 접속한 뒤 휴지통에 들어가, 삭제된 파일을 복원할 수 있습니다. 삭제되어 휴지통에 들어간 파일은 기본적으로 개인 계정은 30일간, 회사 또는 학교 계정은 93일 후에 영구 삭제됩니다. 휴지통이 꽉 차면(전체 저장 한도의 10%를 휴지통이 차지하면) 가장 오래된 항목이 3일 후에 자동으로 삭제되니 주의하시기 바랍니다.

LESSON 04

웹 브라우저

지금까지 윈도우 운영체제의 기본 브라우저였던 인터넷 익스플로러가 지원이 중단되었습니다. 윈도우 11에서는 엣지 브라우저가 기본으로 제공됩니다. 구글 크롬과 동일한 엔진을 사용해 만들어졌기에 성능이나 확장 프로그램 측면에서 유사하지만, 단순한 모방 이상의 유용한 기능을 제공하고 있습니다. 기본 조작에 이어 세로 탭, 컬렉션 등 엣지의 편리 기능도 풍성하게 알려드립니다.

마이크로소프트 엣지 한눈에 보기

윈도우 11에는 마이크로소프트 엣지(Microsoft Edge) 웹 브라우저가 기본으로 탑재되어 있습니다. 인기 있는 웹 브라우저인 구글 크롬(Google Chrome)과 동일한 크로미움(Chromium) 기반의 브라우저로, 사용하기 편하며 가볍고 빠른 것이 특징입니다. 작업 표시줄의 푸른색 [e(엣지)] 단추를 누르면 엣지 브라우저가 기동됩니다.

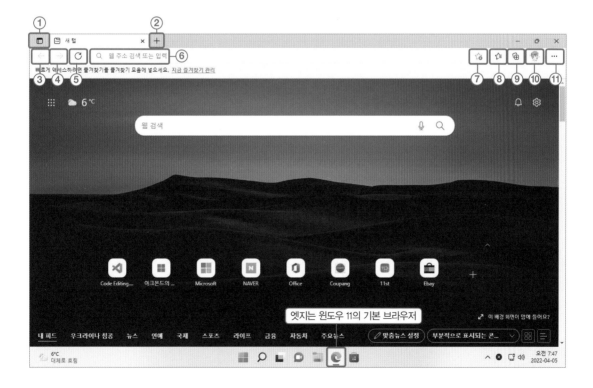

① **탭 작업 메뉴:** 세로 탭 사용, 탭 검색 등 고급 탭 기능을 사용합니다.

② **새 탭:** 새 탭을 엽니다.

③ **뒤로:** 이전 페이지로 이동합니다.

④ **앞으로:** 다음 페이지로 이동합니다.

⑤ **새로 고침:** 페이지를 최신 상태로 갱신합니다.

⑥ **주소 표시줄(검색 창):** 인터넷 주소를 열거나 검색 엔진으로 키워드를 찾습니다.

⑦ **즐겨찾기에 추가:** 즐겨찾기에 현재 페이지를 추가합니다.

⑧ **즐겨찾기:** 즐겨찾기를 표시합니다.

⑨ **컬렉션:** 사진, 글 또는 전체 웹 페이지를 저장해 놓을 수 있습니다.

⑩ **개인:** 계정 정보를 표시합니다.

⑪ **설정 및 기타:** 마이크로소프트 엣지의 세부 설정을 표시합니다.

■■ 윈도우 11에서 인터넷 익스플로러만 지원하는 웹사이트 사용하기

기본으로 인터넷 익스플로러가 탑재되지 않음 윈도우 11에는 1995년 처음 출시된 윈도우 기본 브라우 저인 인터넷 익스플로러(Internet Explorer)가 포함되지 않습니다. 인터넷 익스플로러는 윈도우 10 이하 에서도 지원이 중단(2022년 6월 15일)되었습니다. 하지만 2029년까지 엣지 브라우저의 Internet Explorer 모드를 활용하면 인터넷 익스플로러만 지원하는 웹사이트를 임시로 쓸 수 있습니다.

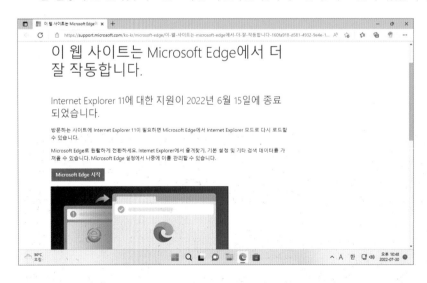

인터넷 익스플로러에 맞춰진 사이트 열기 최신 웹 기술이 적용되지 않은 오래된 사이트는 여전히 인터넷 익스플로러만 지원하는 경우가 있습니다. 엣지 브라우저의 Internet Explorer 모드를 사용하면 웹 페이지를 인터넷 익스플로러의 방식으로 새로 열 수 있습니다. 우측 상단의 **[설정 및 기타]** 메뉴에서 **[설정]**에 들어갑니다. 좌측 바의 **[기본 브라우저]** 메뉴를 눌러 Internet Explorer 모드(IE 모드)에서 **사이트를 다시 로드하도록 허용**을 **[허용]**한 뒤, 브라우저를 재시작합니다.

인터넷 익스플로러만 지원하는 웹사이트에 접속해, 해당 페이지의 탭을 **[마우스 우클릭]**하고 단축 메뉴를 표시합니다. **[Internet Explorer 모드에서 탭 다시 로드]**를 선택하면 인터넷 익스플로러 호환 모드로 해당 사이트를 사용할 수 있게 됩니다.

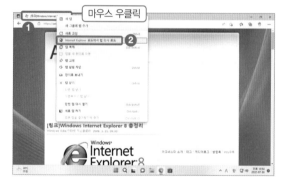

▦ 검색 엔진을 네이버, 다음, 구글로 변경하기

엣지 브라우저의 기본 검색 엔진 빙(Bing) 엣지의 주소 표시줄에 키워드를 입력하고 Enter 를 누르면 기본적으로 마이크로소프트의 빙 검색으로 이어집니다.

이를 여러분이 자주 사용하는 구글(Google)이나 네이버, 다음 등으로 변경하면 평소대로 검색할 수 있어
편리합니다.

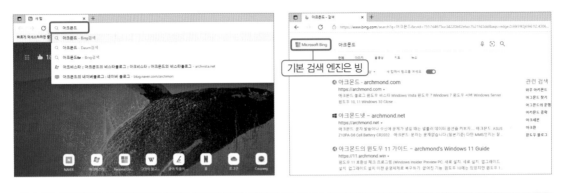

단축키 주소 표시줄로 포인터 이동하기: Ctrl + L 또는 Alt + D

기본 검색 엔진 변경 우측 상단의 [설정 및 기타] 메뉴에서 [설정]에 들어갑니다. 좌측의 [개인 정보, 검색
및 서비스]를 눌러 우측의 화면을 맨 밑으로 스크롤하여 [주소 표시줄 및 검색]을 클릭합니다.

검색 주소창에 사용된 검색 엔진을 원하는 서비스로 변경합니다. 이제부터 주소 표시줄에 키워드를 입력하면
해당 검색 엔진으로 검색 결과를 보여 줍니다.

■■ 여러 탭을 효율적으로 배치하기

엣지, 크롬 등 대부분의 웹 브라우저에는 탭 기능이 기본적으로 탑재되어 있어, 여러 탭을 한꺼번에 열어 놓고 사용할 수 있습니다. 하지만 탭들이 상단에 가로로 늘어서므로, 항목이 많아지면 탭의 폭이 좁아져서 제목을 확인할 수 없고, 관리가 어렵습니다.

세로 탭 사용 세로(수직) 탭을 사용하여 화면의 측면에서 탭을 보고 관리할 수 있습니다. 탭을 많이 사용하는 분께 추천하는 기능입니다. 좌측 상단의 [탭 작업 메뉴]를 클릭하여 [세로 탭 켜기]를 선택하면 왼쪽에 탭 목록이 나타납니다. 페이지 제목이 잘리지 않으므로 원하는 탭을 편안하게 전환할 수 있습니다.

웹사이트 아이콘만 표시 세로 탭은 페이지 제목을 넓게 표시해서 편리하지만, 웹사이트가 표시되는 가로 영역이 좁아집니다. 이럴 때는 웹사이트의 아이콘만 표시되도록 할 수 있습니다. 세로 탭의 우측 상단에 있는 [창 축소]를 누르면 웹사이트의 아이콘만 표시되어 화면을 넓게 쓸 수 있습니다.

세로 탭 끄기 세로 탭을 사용하지 않는다면 [탭 작업 메뉴]에서 [세로 탭 끄기]를 선택하면 됩니다. 이전처럼 상단에 탭이 나열됩니다.

탭 검색하기

탭 검색을 사용하면 전문가처럼 한 방에 원하는 탭으로 이동할 수 있습니다. 엣지 좌측 상단의 [탭 작업 메뉴]에 들어가 [검색 탭]을 클릭합니다. 키워드를 입력하고, 검색 결과를 클릭하면 해당 탭으로 바로 이동됩니다.

단축키 세로 탭을 켜거나 끄기: Ctrl + Shift + `,` , 탭 검색하기: Ctrl + Shift + A

📑 엣지의 컬렉션을 사용하여 아이디어 정리하기

여행 계획을 세울 때, 쇼핑 리스트를 만들 때, 수업 자료 준비 등, 자료 수집 시에는 엣지의 **컬렉션**을 사용해 보세요.

새 컬렉션 만들기 새 컬렉션을 만들려면 주소 표시줄의 우측에 있는 [컬렉션]을 눌러 [새 컬렉션 만들기] 단추를 클릭합니다. 컬렉션의 이름을 입력하고 [Enter]를 누르면 새 컬렉션이 만들어집니다.

단축키 컬렉션 창 열기: [Ctrl]+[Shift]+[Y]

컬렉션에 항목 추가 현재 보고 있는 웹 페이지를 컬렉션에 추가하려면 [현재 페이지 추가]를 누르면 됩니다. 우측의 컬렉션에 사이트가 추가되는 것을 확인할 수 있습니다.

사진을 추가하려면 해당 이미지의 위로 마우스를 이동한 뒤, [마우스 우클릭]으로 단축 메뉴를 엽니다. [컬렉션에 추가]에 있는 컬렉션 이름을 선택하면 사진이 컬렉션에 추가됩니다. 마찬가지로 텍스트를 선택해 [컬렉션에 추가]의 컬렉션 이름을 클릭하면 해당 컬렉션에 문장이 추가됩니다. 웹 상의 원하는 정보를 차곡 차곡 컬렉션에 추가해 보세요.

사진 위에 마우스 우클릭

사진도 추가 가능

◼◼ 일반인은 잘 모르는 엣지 브라우저 팁 9가지

1. 작업 표시줄에 웹사이트 고정하기 자주 사용하는 웹사이트를 작업 표시줄에 고정할 수 있습니다. 웹사이트로 이동한 뒤, 우측 상단의 [설정 및 기타]를 눌러 [기타 도구]에 들어간 뒤 [작업 표시줄에 고정]을 누릅니다. 항상 표시되는 작업 표시줄에 아이콘을 추가해 놓으면 클릭 한 번으로 웹 서비스를 사용할 수 있습니다. 넷플릭스, 유튜브, 쇼핑 사이트 등 매일 접속하는 커뮤니티, SNS, 스트리밍 서비스를 등록하면 편리합니다.

2. 집중해 읽고 싶을 때 유용한 몰입형 리더 위키백과처럼 텍스트 자료가 많은 경우, 주소 표시줄의 우측에 있는 [몰입형 리더 시작] 아이콘을 눌러보세요. 전자책과 같은 화면이 나타나 눈에 편한 레이아웃으로 웹 페이지를 읽을 수 있습니다.

e-book처럼 읽기

3. 뉴스를 음성으로 읽기 엣지에는 웹 페이지를 소리 내어 읽어주는 TTS(Text to Speech) 기능이 포함되어 있습니다. 주소 표시줄의 우측에 있는 [이 페이지 소리 내어 읽기] 아이콘을 눌러보세요. 화면을 보지 않고도 스피커에서 흘러나오는 음성을 통해 뉴스나 정보를 읽을 수 있습니다. 한국어 이외에도 여러 나라의 언어를 지원하므로 외국어 학습에도 좋습니다.

단축키 현재 페이지를 소리 내어 읽기: Ctrl + Shift + U

4. 마우스, 터치 또는 스타일러스 펜으로 PDF 문서에 필기하기 윈도우 11에서 PDF 문서를 열면 기본적으로 엣지 브라우저에서 열립니다. 유료 PDF 프로그램 없이도, 엣지 브라우저의 PDF 필기 기능만으로 간단한 메모나 강조 표시를 할 수 있습니다.

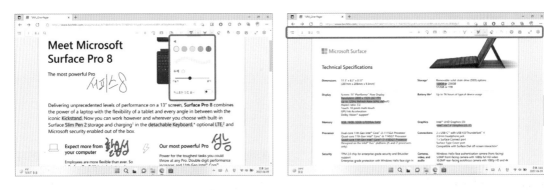

5. 활용이 무궁무진한 엣지 표시줄 사용하기 외국어 학습자 또는 인스타그램, 페이스북 같은 SNS를 상시 활용하는 사용자에게 유용한 **엣지 표시줄** 기능입니다. 엣지 브라우저의 우측 상단에 있는 [설정 및 기타]를 눌러 [기타 도구]에 들어간 뒤 [Edge 표시줄 시작]을 클릭합니다. 엣지 표시줄 사용하면 카카오톡이나 라인 같은 메신저처럼 항상 화면의 우측에 웹 브라우저가 표시됩니다.

우측의 [**탭 추가**]를 눌러 인터넷 주소를 입력하고, [**추가**]를 누릅니다. 네이버 카페나 클리앙과 같은 커뮤니티를 띄워도 좋고, 회사 내부 게시판이나 스케줄을 확인하는 용도로도 유용합니다.

TIP 엣지 바 더 잘 사용하는 방법

엣지 바는 다른 창을 띄워도 항상 우측에 함께 표시됩니다. [뒤로], [앞으로]와 같은 메뉴는 엣지 바의 하단에 있으며, 우측 하단의 [자동 숨기기] 아이콘을 누르면 클릭할 때만 웹사이트가 표시되어 편리합니다.

6. 시크릿 모드(InPrivate)로 열기 엣지 브라우저에서 웹을 열람한 정보를 저장하지 않으려면 시크릿 모드를 사용해 보세요. 엣지 브라우저의 우측 상단에 있는 [**설정 및 기타**]를 눌러 [**새 InPrivate 창**]을 클릭하면 시크릿 모드로 검은색 창이 열립니다.

7. 유료 캡처 프로그램 없이 인터넷 페이지를 캡처하기 현재 페이지를 이미지로 저장하고 싶다면 엣지 브라우저의 웹 캡처 기능을 활용해 보세요. 엣지 브라우저의 우측 상단에 있는 **[설정 및 기타]**를 눌러 **[웹 캡처]**를 클릭합니다. 웹사이트의 일부 혹은 전체를 캡처할 수 있습니다.

단축키 화면 캡처 열기: Ctrl + Shift + S

8. 일부분만 캡처하기(캡처 영역) 웹 캡처에서 **[캡처 영역]**을 선택한 경우, 캡처할 부분을 드래그해 선택한 뒤, **[캡처에 메모 및…]**를 누르면 캡처한 내용에 간단히 메모하여 그림 파일로 저장할 수 있습니다.

9. 전체 페이지를 캡처하기(스크롤 캡처) 웹 캡처에서 [전체 페이지 캡처]를 선택한 경우, 웹사이트 전체를 한 방에 그림 파일로 저장할 수 있습니다. 저장된 이미지를 확인해 보면 해당 페이지의 하단까지 캡처되어 있습니다.

단축키 화면 캡처 열기: Ctrl + Shift + S

엣지 브라우저 추천 확장 기능 소개

엣지 브라우저의 큰 특징 중 하나로, 스토어를 통해 기능을 추가할 수 있는 확장(extension)이 있습니다. 광고를 차단하거나, 비밀번호를 관리하거나, 원노트 등으로 웹 페이지 내보내기 등, 브라우저 본래의 기능을 뛰어 넘은 확장 기능을 추가할 수 있습니다. 필자가 사용 중인 엣지 브라우저의 추천 확장 기능을 소개합니다.

확장 기능 검색하고 설치하기 엣지 브라우저의 우측 상단에 있는 [설정 및 기타]를 눌러 [확장]을 클릭합니다. 대화 상자가 나타나면 [Microsoft Edge 추가 기능 웹사이트 열기]를 눌러 확장 기능을 다운로드하는 사이트로 이동합니다.

좌측 검색 창에 키워드를 입력하여 [Enter]를 누르면 검색 결과가 나타납니다. 원하는 확장을 선택해 [다운로드]합니다.

Microsoft Edge에 '확장 기능명'을 추가하시겠습니까?라고 물어봅니다. [확장 추가] 단추를 누릅니다. 신뢰할 수 있는 게시자가 만든 확장의 경우에는 바로 활성화되지만, 그렇지 않은 경우에는 수동으로 기능을 켜야 합니다. 주소 표시줄 우측의 [확장] 아이콘을 눌러 [확장 관리]에 들어갑니다.

확장 기능 설정 페이지가 열립니다. 설치된 확장 섹션에서 원하는 확장을 활성화하면 곧바로 해당 기능을 활용할 수 있습니다.

필요 없는 확장 기능 제거하기 주소 표
시줄의 우측에 있는 [확장] 아이콘을 눌러
필요 없는 확장 기능의 우측에 있는 [추가
작업(…)]을 눌러 [Microsoft Edge에서
제거]를 클릭합니다. 확인 대화 상자에서
[제거]를 누르면 엣지 브라우저에서 해당
확장이 안전하게 제거됩니다.

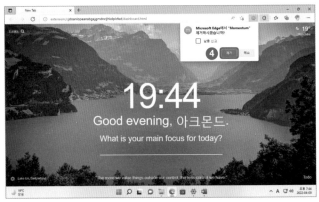

아크몬드 특강 | **마이크로소프트 추천 확장 기능 6가지**

다음은 필자가 애용하는 확장 기능 목록(마이크로소프트 웹사이트에서 제공)입니다. 마이크로소프트의 엣지 추가 기능 사
이트에서 검색하여 설치할 수 있습니다. 필요하신 분은 활용해 보세요.

1. Adblock Plus: 무료 광고 차단

웹 서핑 시 나타나는 광고, 악성 코드, 팝업 창 등으로 몸살을 앓고 계신다면 추천합니다. 필요한 콘텐츠 외에는 깔끔하게
차단해주는 자동 광고 차단 확장입니다. 불필요한 광고를 보여주지 않으므로 심신의 안정을 찾을 수 있습니다.

2. Microsoft 편집기: 맞춤법 및 문법 검사기

마이크로소프트 편집기는 워드프로세서의 맞춤법 검사처럼 문법이나 맞춤법 오류를 검사하여 사용자가 작성한 내용을 개선하도록 도와 줍니다. 밑줄이 그어진 단어를 클릭하면 편집기에서 추천하는 수정 사항을 확인할 수 있습니다.

3. Infinity New Tab: 확장 관리자

새 탭 페이지를 입맛대로 변경할 수 있는 확장 관리자입니다. 엣지 브라우저의 새 탭과 유사하지만 여러 브라우저 간에 동기화할 수 있는 있는 것이 차이점입니다. 메모, 아름다운 배경 화면, 북마크, 할 일 등의 기능을 제공합니다.

4. Bitwarden: 무료 비밀번호 관리자

필자는 인터넷 사이트들의 아이디와 비밀번호를 관리하는 도구로 비트워든(Bitwarden)을 사용합니다. 비트워든은 크롬이나 파이어폭스, 엣지 등에서 사용할 수 있는 무료 비밀번호 관리자입니다. 2단계 인증을 설정해 안전하게 로그인할 수 있으며, 저장해 둔 계정 정보를 클릭하면 비밀번호가 자동 완성되어 편리합니다.

5. OneNote Web Clipper: 화면 캡처 및 편집

앞서 엣지 브라우저의 캡처 기능을 소개했습니다. 원노트 웹 클리퍼(OneNote Web Clipper)는 여기서 한 발 더 나아가, 원노트에 현재 페이지의 내용을 바로 보낼 수 있습니다. 평소에 원노트를 자주 사용하는 분께 추천합니다.

6. 드래그프리: 마우스 드래그 & 마우스 우클릭 해제

웹 서핑 중에 마우스 드래그 또는 마우스 우클릭을 사용할 수 없는 경우가 있습니다. 대표적으로 네이버나 다음의 블로그 혹은 카페에서 복사 방지 등을 이유로 드래그나 마우스 우클릭을 해서 단축 메뉴를 방지한 경우가 있습니다. 이런 경우 드래그프리를 설치하여 [Alt]+[1]를 누르면 대부분의 웹사이트에서 마우스 드래그나 마우스 우클릭이 다시 활성화되어 텍스트를 복사하거나 이미지를 저장할 수 있게 됩니다.

구글 크롬의 확장 기능도 사용할 수 있게 설정 엣지 브라우저는 구글 크롬과 동일한 크로미움(Chromium) 기반의 브라우저이므로 구글 크롬용으로 작성된 확장 기능도 설치할 수 있습니다. 주소 표시줄 우측의 [확장] 단추를 눌러 [확장 관리]를 클릭합니다. 확장 기능 관련 설정 페이지가 나오면 좌측의 **다른 스토어의 확장을 허용합니다**를 켭니다. 대화 상자가 나타나면 [허용]을 클릭하고, 'Chrome 웹 스토어' 링크를 누릅니다. 크롬 웹 스토어(https://chrome.google.com/webstore/)에 연결됩니다.

브라우저의 상단에 구글 크롬의 확장 기능도 사용할 수 있다고 알려 줍니다. 이제부터 크롬 웹 스토어에서
제공하는 수많은 확장을 다운로드할 수 있어 엣지 브라우저의 활용성이 더욱 높아집니다.

아크몬드 특강 | 크롬 웹 스토어 추천 확장 기능 4가지

1. Loom: 화면 녹화 캠코더

백문이 불여일견(百聞不如一見), 글로 설명하기보다 이미지나 영상으로 보여주는 것이 더 정확하고 빠르게 정보를 전달
할 수 있습니다. Loom은 화면을 녹화할 수 있는 레코딩 서비스입니다. Start Recording을 눌러 화면을 녹화하고, 해당
영상을 다른 사람과 공유할 수 있습니다.

2. FoxClocks: 전 세계 도시 시간 안내

폭스클락스(FoxClocks)는 브라우저 하단에 전 세계 도시의 시간을 나타내는 확장 기능입니다. 무역업 등에 종사하고 계신 분께 추천합니다. 브라우저 하단의 시계를 상단으로 옮길 수도 있습니다. 시간 형식(Time format)을 'YYYY-MM-DD HH:MM'으로 지정하면 2022-04-09 22:04와 같이 나타나 이해하기 쉽습니다.

3. Send Anywhere: 대용량 파일 전송

대용량 파일을 전송할 때 유용한 센드애니웨어(Send Anywhere)입니다. 엣지 브라우저에서 지메일(Gmail)이나 슬랙(Slack)을 사용할 때 10GB까지 대용량 파일을 편리하게 전송할 수 있습니다. 첨부 파일은 기본적으로 2일 후에 자동으로 삭제되므로 보안성도 우수합니다(2022년 4월 기준).

4. Currency Converter: 환율 계산기

해외 직구나 업무상 환율을 자주 계산하는 분이라면 이 확장 기능을 추천합니다. 대부분의 통화를 지원하며 큼직한 아이콘으로 시원시원하게 환율을 확인할 수 있어 쓰기 편리합니다.

상황별로 골라 쓰는
윈도우 11 필수 앱

윈도우 11은 편리한 기본 앱이 다양하게 포함되어 있습니다.
일상 생활, 회사 업무, 여가 시간에 활용할 수 있는 앱을 소개하고,
추가 앱을 다운로드할 수 있는 마이크로소프트 스토어 활용법까지 알려드립니다.

LESSON
01

마이크로소프트 스토어 탐방하기

윈도우를 처음 실행하면 최소한의 기본 프로그램만 가지고 있습니다. 따라서 스마트폰처럼 앱 스토어를 통해 추가 앱을 설치할 수 있는 마이크로소프트 스토어(Microsoft Store)를 제공합니다. 작업 표시줄의 쇼핑백 아이콘을 클릭하면 카테고리를 선택하거나 검색해서 원하는 앱을 다운로드할 수 있습니다.

① **검색 상자:** 키워드를 입력해 검색 가능

② **사용자 계정:** 장치 관리, 결제 방법 등을 설정

③ **장르:** 앱, 게임의 2가지 장르를 선택 가능

④ **라이브러리:** 설치된 앱을 관리할 수 있음

Link 앱을 다운로드하려면 마이크로소프트 계정이 필요합니다(77쪽).

142 CHAPTER 04 상황별로 골라 쓰는 윈도우 11 필수 앱

■■ 원하는 앱 찾기

장르로 찾기 좌측의 앱 또는 게임 메뉴를 눌러 원하는 장르의 앱을 찾을 수 있습니다. 필자가 추천하는 카테고리는 무료 인기 앱, 필수 앱입니다. 게임의 경우에는 최다 판매 게임 코너를 살펴보면 꽤 괜찮은 것을 발견할 수 있습니다.

키워드로 찾기 상단의 검색 상자에 설치하고 싶은 앱의 이름을 입력하면 드롭다운 메뉴에 검색 결과가 나타납니다. 원하는 항목을 클릭하면 해당 앱의 정보가 나타납니다.

■■ 앱 설치하고 삭제하기

앱 설치하기 앱 정보 화면에서 **[설치]**를 누르면 컴퓨터에 설치할 수 있습니다. 유료 앱의 경우에는 사용자 계정의 비밀번호 등을 요구합니다. 설치가 완료되면 **[열기]**를 클릭하면 설치한 앱을 바로 실행할 수 있습니다. 설치한 앱은 주기적으로 업데이트되어 자동으로 최신 버전을 유지합니다.

앱 실행하기 앱을 설치하면 시작 메뉴에 자동으로 나타납니다. 해당 아이콘을 클릭하면 앱을 빠르게 실행할 수 있습니다.

앱 삭제하기 사용하지 않게 된 앱은 컴퓨터에서 제거하는 것이 좋습니다. 시작 메뉴에서 [**모든 앱**]에 들어간 뒤, 삭제할 앱을 찾아 [**마우스 우클릭**]을 해서 나오는 단축 메뉴에서 [**제거**]를 클릭합니다. 관련 정보가 삭제된다는 메시지가 나오면 다시금 [**제거**]를 눌러 깨끗이 삭제할 수 있습니다.

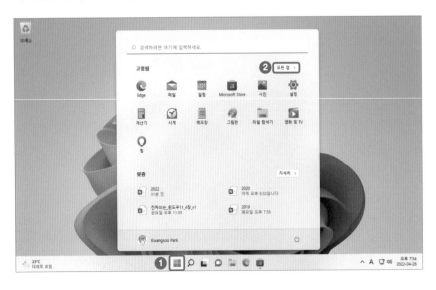

TIP 데스크톱 전용 앱도 설치할 수 있습니다.

이전 버전 윈도우에서는 터치스크린에 최적화된 앱이 대부분이었지만, 윈도우 11에서는 데스크톱용 앱도 스토어를 통해 설치할 수 있습니다. 아직 그 수가 적지만, 스토어를 통해 설치하면 자동 업데이트 등의 장점을 누릴 수 있어 편리합니다. 아이튠즈(iTunes), 반디집(Bandizip), VLC 등을 마이크로소프트 스토어에서 설치하세요.

아크몬드 특강 | **안드로이드 앱 설치하기(구글 플레이 스토어 설치)**

윈도우 11에는 안드로이드 앱을 설치할 수 있는 기반(Android용 Windows 하위 시스템)이 제공됩니다. 하지만 현재는 미국에서만 사용할 수 있는 아마존 앱 스토어(Amazon App Store)에서 앱을 다운로드할 수 있습니다. 공식적인 방법으로는 한국에서 쓸 수 없으며, 아마존 앱 스토어는 앱의 수가 적습니다. 여기서는 비공식적인 방법으로, MagiskOnWSA를 통해 우리에게 익숙한 구글 플레이 스토어(Google Play Store)를 한방에 설치하는 방법을 알려드립니다.

또한 이 방법은 공식적인 사용 방식이 아니므로, 업무용이나 중요한 PC에는 설치하지 않는 것을 권장합니다. 설치 중이나 설치 후에 시스템에 영향을 미칠 수 있으므로, 중요한 데이터를 철저히 백업한 뒤 진행하세요.

1. 설치 요구 사항 확인하는 법

01 먼저 윈도우 11 최신 버전임을 확인합니다. [Windows]+[R]을 눌러 실행 창을 엽니다. 'winver'를 입력해 [Enter]를 누르세요. 빌드가 22000.282 이상인지 확인합니다.

02 다음으로 가상화(Virtualization)을 사용하고 있는지 확인합니다. 시작 단추에서 [**마우스 우클릭**]을 하고 [**작업 관리자**]를 클릭합니다. 좌측의 [**성능**] 메뉴를 누른 뒤, [**CPU**]를 클릭합니다. 하단의 **가상화**가 **사용**되고 있는지 확인합니다.

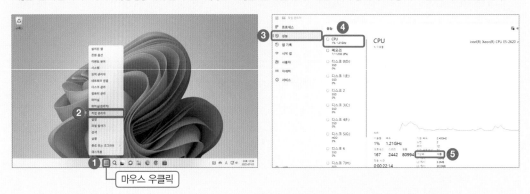

2. MagiskOnWSA를 통해 구글 플레이 스토어(Google Play Store)를 한방에 설치하기

01 구글 플레이 스토어 설치용 파일을 만들기 위해 우분투 리눅스(Ubuntu Linux)를 설치하겠습니다. 작업 표시줄의 쇼핑백 아이콘을 클릭하면 스토어가 실행됩니다. 상단의 검색 상자에 'ubuntu'를 입력해 Enter를 누릅니다. 검색 결과에 나타난 Ubuntu를 [다운로드]를 눌러 설치합니다.

02 검색 창에 'powershell'을 입력해 Windows PowerShell을 '관리자 권한으로 실행'합니다. 파워셀 화면이 나타나면 `wsl -- install`을 입력해 리눅스 기반을 설치합니다. 완료되면 컴퓨터를 재시작합니다.

03 컴퓨터가 재부팅되면 자동으로 우분투 설정 화면(터미널)이 나타납니다. 자동으로 나타나지 않으면 시작 메뉴에서 ubuntu를 찾아 실행하세요. 사용자 이름과 비밀번호를 입력하면 우분투를 사용할 준비가 완료됩니다.

```
Enter new UNIX username: 사용자 아이디 입력
New password: 비밀번호 입력(8자 이상)
Retype new password: 비밀번호 재입력
```

엣지 브라우저를 실행하고 깃허브 https://github.com/LSPosed/MagiskOnWSALocal에 접속해 초록색 [Code]를 누르고 복사 아이콘을 클릭해 주소를 복사합니다.

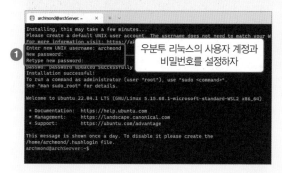 

우분투 리눅스의 사용자 계정과 비밀번호를 설정하자

04 우분투 터미널로 돌아와서, 아래 명령을 입력합니다(대소문자를 구별합니다). 참고로 `git clone`까지 입력한 뒤, `Ctrl`+`V`를 누르면 방금 전 복사한 깃허브 주소를 빠르게 입력할 수 있습니다. 아래 명령을 전부 실행하면 비밀번호를 물어봅니다. 방금 전 우분투 설정에서 정했던 비밀번호를 입력하면 됩니다. 이후, 구글 플레이 스토어 이미지를 다운로드 하므로, 5~10분 정도의 시간이 걸립니다.

```
git clone https://github.com/LSPosed/MagiskOnWSALocal.git
cd MagiskOnWSALocal/
scripts/run.sh
```

05 패키징 옵션 선택 마법사가 나타납니다. 여러 옵션이 나타나는데, 아래와 같이 선택하고 각각 `Enter`를 눌러 진행합니다. 구글 플레이 스토어 패키징 작업이 완료되면 **done(완료)** 메시지가 나타납니다.

1. Build arch: x64

2. WSA release type: retail(Stable Channel)

3. Magisk version: stable(Stable Channel)

4. Do you want to install GApps?: Yes

5. Which GApps do you want to install?: MindTheGapps

6. Do you want to keep Amazon Appstore?: No

7. Root solution: magisk

8. Do you want to compress the output?: Yes

9. Compress format: zip

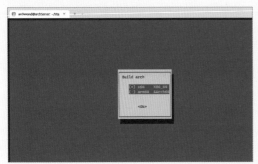

06 파일 탐색기를 열고, 좌측의 탐색 창에서 'Linux'를 선택합니다. 구글 플레이 스토어 패키지가 저장된 폴더(Linux 〉 Ubuntu 〉 home 〉 사용자명 〉 MagiskOnWSALocal 〉 output)에 이동합니다. 압축 파일을 선택해 **[마우스 우클릭]**으로 단축 메뉴를 열어 **[복사]**합니다. 그리고 문서 폴더 등에 이동해 **[붙여넣기]**합니다.

07 파일을 선택하고 **[압축 풀기]**를 눌러 기본 값대로 **[압축 풀기]**를 선택합니다. 압축이 해제된 폴더에 들어가서 주소 표시줄을 **[마우스 우클릭]**해서 단축 메뉴를 엽니다. **[주소 복사]**를 클릭합니다.

08 검색 창에 'powershell'을 입력해 Windows PowerShell을 **[관리자로 실행]**합니다. 파워셸 화면이 나타나면 아래 명령을 입력합니다. 참고로 **cd**까지 입력한 뒤, Ctrl + V 를 누르면 방금 전 복사한 주소를 빠르게 입력할 수 있습니다.

```
cd 압축해제폴더
PowerShell.exe -ExecutionPolicy Bypass -File .\Install.ps1
```

09 설치가 거의 완료되면 진단 데이터를 공유할지 물어보면 **[계속]**을 클릭합니다. 설치가 완료되면 자동으로 구글 플레이 화면이 나타납니다. **[로그인]**을 누른 뒤, 여러분의 구글 계정으로 로그인하세요. 계정이 없는 경우에는 지메일(https://gmail.com/)에 접속해 무료로 개설할 수 있습니다.

구글 계정으로 로그인하고 플레이 스토어 실행

10 로그인하면 자동으로 구글 플레이 스토어가 나타납니다. 여기서 원하는 앱을 검색해 설치할 수 있습니다. 평소에 안드로이드 스마트폰이나 태블릿을 사용하던 것처럼, 자유롭게 사용해 보세요. 단, 아직 윈도우 11에서 안드로이드 지원은 시험 단계이니 게임이나 무거운 앱은 설치 혹은 실행에 문제가 있을 수 있습니다.

인스타그램 앱 사용 가능!

LESSON 02
기본 앱으로 일상을 풍요롭게 만들기

▪▪ 계산기: 사칙연산을 뛰어넘는 잠재력

계산기는 윈도우 11에 숨겨진 매우 강력한 도구입니다. 표준 모드에서는 간단한 사칙연산뿐만 아니라 특정 숫자들을 저장할 수 있는 메모리 기능이나 이전에 계산했던 내용을 확인할 수 있는 기록 기능도 준비되어 있습니다. 계산기를 시작하려면 검색 창에 '계산기'를 입력해 실행합니다.

Link 앱을 찾을 때 유용한 기본 도구인 검색 창은 91쪽을 확인하세요.

좌측 상단의 메뉴를 열면 소박하게만 보였던 계산기의 잠재력이 제대로 발휘됩니다. 기본적인 사칙연산 외에도 날짜 계산, 부피 변환, 환율 계산 등 다양한 작업을 계산기로 처리할 수 있습니다.

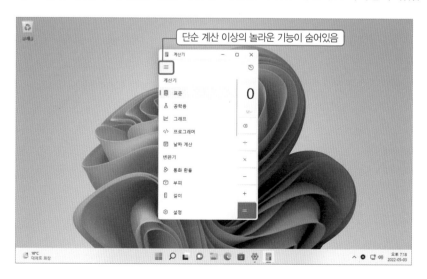

단순 계산 이상의 놀라운 기능이 숨어있음

여러 용도의 계산 기능 표준, 공학용, 그래프, 프로그래머, 날짜 계산으로 추가 계산 기능이 탑재되어 있습니다. 윈도우 11에서는 특히 '그래프' 기능이 강화되어 방정식을 입력하면 자동으로 그래프가 생성됩니다.

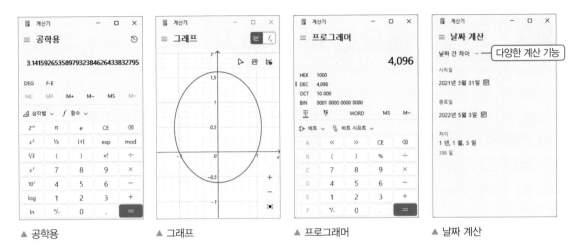

▲ 공학용   ▲ 그래프   ▲ 프로그래머   ▲ 날짜 계산

전문성을 갖춘 변환 기능 또한, 여러 종류의 변환기도 제공됩니다. 환율과 부피, 길이, 무게 및 질량, 온도, 에너지, 면적, 속도, 시간, 일률, 데이터, 압력, 각도로 구성되어 있습니다. 단위를 빠르게 변경하고 싶을 때 유용합니다.

▲ 통화 환율   ▲ 부피   ▲ 길이   ▲ 무게 및 질량

계산기를 항상 우측 상단에 표시할 수 있습니다.

계산기는 단독으로 실행하는 경우도 있지만 다른 앱과 함께 사용하는 경우가 많습니다. 그런데 값을 입력하기 위해 여러 앱을 앞, 뒤로 전환하면 굉장히 번거롭습니다. 윈도우 11의 계산기는 [항상 위에 유지]하는 기능을 갖고 있어, 여러 창을 띄우더라도 창을 전환할 필요 없이 작업을 이어갈 수 있습니다.

그림판: 언제나 우리 곁에 있는 간편 그림 편집기

수차례 없어질 뻔한 위기를 겪은 그림판이 윈도우 11에도 탑재되었습니다. 새 그림판은 인터페이스가 깔끔하게 정돈되었습니다. 기능 자체는 지금까지 사용했던 그림판과 크게 다르지 않습니다. 간단히 스케치하고 그림 파일을 편집할 수 있는 본연의 기능을 유지하고 있습니다. 그림판을 시작하려면 검색 창에 '그림판'을 입력해 실행합니다.

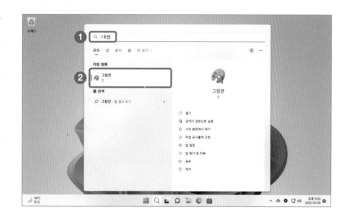

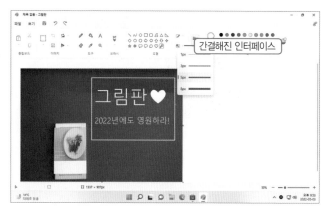

▦ 날씨: 자주 보는 여러 지역을 한 번에 확인하기

날씨 앱을 시작하려면 검색 창에 '날씨'를 입력해 실행합니다. 현재 날씨가 표시됩니다.

왼쪽 메뉴를 열어 [과거 날씨]를 클릭하면 현재 지역의 과거 날씨를 확인할 수 있습니다. 서울의 5월 날씨는
일반적으로 13도에서 23도로, 가장 온도가 낮았던 날은 0도라는 사실을 알 수 있습니다. [즐겨찾기] 메뉴를
선택하면 다른 지역의 날씨도 추가해서 조회할 수 있습니다.

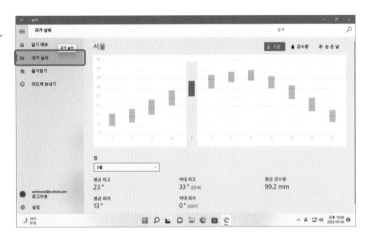

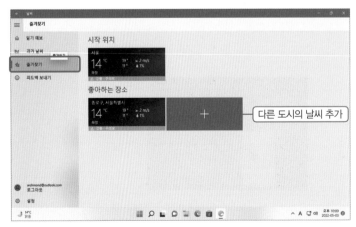

다른 도시의 날씨 추가

▪▪ 메모장: 다크 모드 지원으로 단단하게 텍스트 편집

그림판과 함께 윈도우 기본 앱의 한 축을 담당하는 메모장입니다. 윈도우 11의 메모장은 인터페이스가 더 간결해졌습니다. 검색 창에 '메모장'을 입력해 실행할 수 있습니다.

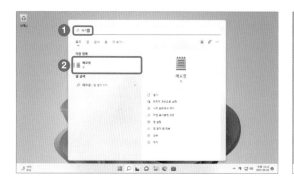 

메모장의 글씨가 잘 보이지 않는다면 Ctrl을 누른 상태에서 마우스 휠을 위로 올리세요. 최대 500%까지 확대할 수 있습니다. 반대로 휠을 내리면 10%까지 축소됩니다. 어두운 테마(다크 모드)를 사용하면 장시간 작업을 할 때 눈의 피로감을 낮출 수 있습니다.

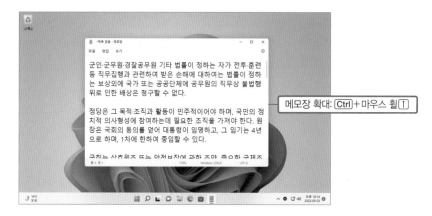

메모장 확대: Ctrl + 마우스 휠 ↑

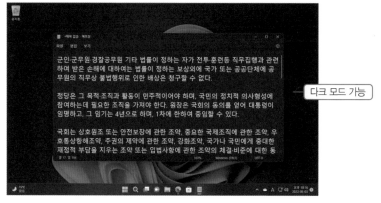

다크 모드 기능

Link 다크 모드(어두운 테마)로 변경하려면 208쪽을 살펴보세요.

▪▪ 시계: 생산성을 향상시키는 시간 관리 도구

윈도우 11의 시계는 시간 확인뿐 아니라 포커스 세션이라는 기능이 추가되어, 시간을 정해 작업에 집중할 수 있게 도와 줍니다. 검색 창에 '시계'를 입력해 실행할 수 있습니다.

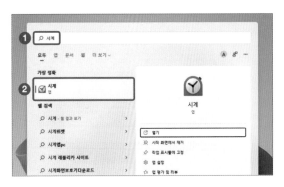

포커스 세션 특정 시간대에 효과적으로 작업에 집중할 수 있습니다. 포커스 세션 중에는 시스템의 알림이 뜨지 않도록 조용한 환경이 설정되며, 시간이 얼마나 흘렀는지 확인할 수 있기 때문에 집중력이 높아집니다. 먼저 시간을 정한 뒤, [**포커스 세션 시작**]을 누르면 됩니다.

사람의 집중력에는 한계가 있습니다. 기본적으로 30분 일하고, 5분 쉬는 패턴으로 설정됩니다. 지정된 업무/휴식 시간이 끝나면 자동으로 알람 메시지와 소리로 알려주므로, 효율적으로 일하고 제대로 쉴 수 있습니다.

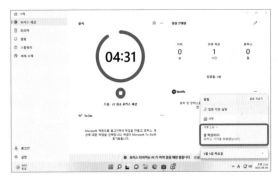

목표에 얼마나 가까워 졌는지 확인

TIP 포커스 세션에 작업 목록과 음악 스트리밍을 연계하면 더욱 즐겁고 효율적입니다.

마이크로소프트 투두의 작업 목록과 Spotify 음악 스트리밍을 함께 사용하면 더 효율적이고 즐겁게 작업할 수 있습니다. 포커스 세션으로 처리한 작업을 표시하거나, 몰입을 도와주는 음악을 함께 재생할 수 있습니다.

타이머 & 알람 왼쪽 메뉴에서 [타이머]를 실행합니다. 타이머를 설정하면 해당 시간에 팝업이나 알림음으로 알려 줍니다. [알람]은 특정 요일과 시간대에 반복으로 알려주므로 이를 활용하여 업무를 계획할 수 있습니다.

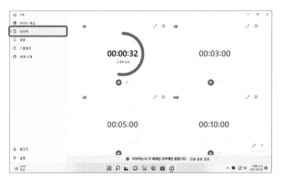 

스톱워치 & 세계 시계 왼쪽 메뉴에서 [스톱워치]를 선택하면 경과 시간을 측정할 수 있고, [세계 시계]를 선택하면 전세계 국가의 현재 시간과 날짜를 확인할 수 있습니다.

⬛⬛ 휴대폰과 연결: 안드로이드 스마트폰과 최고의 궁합

삼성 갤럭시 등 안드로이드 스마트폰을 쓰고 있다면 윈도우 11의 '휴대폰과 연결'을 사용하세요. 스마트폰의 메시지, 사진, 통화 등을 컴퓨터에서 확인할 수 있습니다. 검색 창에 '휴대폰'을 입력하고 [**휴대폰과 연결**]을 실행합니다.

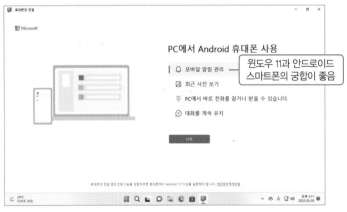

화면의 지시에 따라, 안드로이드 휴대폰에서 [Windows와 연결] 앱을 설치하여, QR 코드를 표시하고 안드로이드 스마트폰에서 스캔한 뒤 [완료]를 클릭합니다.

필자의 경우 웹 브라우저에서 아래에 소개된 웹사이트(aka.ms/yourpc)에 직접 접속하여 앱을 설치했습니다. 구글 플레이 스토어에서 직접 'Windows와 연결'을 검색해 설치해도 됩니다. 스마트폰에서 PC의 QR 코드를 읽어들여 연결합니다.

안드로이드 스마트폰과 연결이 완료되면 환영 메시지가 나타납니다. 이제부터 컴퓨터에서 메시지를 보내거나, 알림을 확인할 수 있습니다.

통화 기능으로 전화를 걸거나 사진에서 핸드폰에 저장된 셀카 등을 확인할 수 있습니다.

TIP 지원하는 기기에 따라 사용 가능한 기능이 달라질 수 있습니다.

2022년을 기준으로 최신 삼성 갤럭시 시리즈의 경우, 휴대폰 화면을 확인하고 앱을 실행할 수 있습니다. 마이크로소프트의 휴대폰 지원 안내 사이트(https://www.aka.ms/ypltwdevices)에서 내 스마트폰이 휴대폰과 연결이 제대로 지원되는 단말기인지 확인해 보세요.

LESSON 03 업무 효율 업그레이드하기

화상 회의: 마이크로소프트 팀즈로 강력하게 소통하기

윈도우 11은 커뮤니케이션 기능이 강화되어, 화상 회의와 채팅용으로 사용되는 마이크로소프트 팀즈(Microsoft Teams)가 윈도우 11과 통합되었습니다. 팀즈는 작업 표시줄의 [채팅] 아이콘을 클릭하면 사용할 수 있습니다.

01 처음 실행하는 경우 [계속]을 눌러 진행합니다. 화상 회의를 시작하려면 [모임]을 눌러 [지금 모임 시작]을 클릭하면 됩니다.

02 모임이 만들어지고, 초대를 위한 옵션이 나타납니다. 여기서 모임의 링크를 복사하거나, 전자 메일로 공유하여 상대방에게 공유하면 됩니다. 화상 회의에서는 자신뿐 아니라 집안이나 카페의 배경도 비치게 됩니다. 정돈되지 않은 배경이 신경쓰인다면 [**더 보기**(⋯)] 단추로 들어가 [**배경 효과 적용**]을 눌러 원하는 풍경으로 바꿀 수 있습니다.

03 각종 배경 효과나 이미지가 나타납니다. 마음에 드는 것을 선택해 [**적용**]을 클릭하면 배경에 적용됩니다. 상대편이 모바일 기기나 컴퓨터로 모임 링크 등을 클릭하면 연결하고 있다는 메시지가 나타납니다. [**입장 허용**]을 누르면 화상 회의가 시작됩니다.

04 화상 회의 중의 화면은 중간에 참가자가 나타나며, 자신의 모습은 우측 하단에 나타납니다. 음성, 채팅 등으로 대화할 수 있으며, 리액션(반응)을 선택해 다양하게 커뮤니케이션할 수 있습니다.

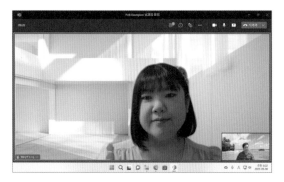 

TIP 온라인, 모바일에서도 사용할 수 있습니다.

– 온라인: https://teams.microsoft.com/
– 스마트폰: 앱 스토어(App Store) 또는 구글 플레이 스토어(Google Play Store)에서 'Microsoft Teams' 검색

Link 팀즈(Microsoft Teams)를 사용하려면 마이크로소프트 계정이 필요합니다(77쪽).

메일: 업무의 기본 커뮤니케이션을 간편하게 확인 및 발송하기

매번 웹 브라우저로 접속해서 메일을 확인하는 것이 번거롭다면 윈도우 11에 내장된 메일 앱을 사용해보세요. 가볍고 빠르게 메일을 읽고 쓸 수 있으며, 새 메일이 왔을 때 알림 창을 통해 알려 신속하게 확인할 수 있습니다.

검색 창에 '메일'을 입력하면 실행할 수 있습니다. 기존에 마이크로소프트 계정으로 로그인된 상태라면, 해당 계정의 이메일 내용이 나타납니다.

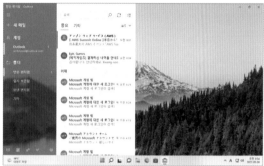

새 이메일 계정 추가하기 지메일(구글 메일) 계정을 추가해 봅시다. [설정] 단추를 눌러 [계정 관리]에 들어갑니다. [+계정 추가]를 눌러 [Google+]를 선택하세요.

계정 정보를 입력해 로그인합니다. [허용]을 눌러 Windows 앱을 신뢰하면 메일 앱에서 지메일을 사용할 수 있습니다.

메일 읽기/보내기 좌측의 메뉴바에서 확인할 메일 계정을 선택하면 받은 편지함을 확인할 수 있습니다. 메일을 작성하려면 [+ 새 메일] 단추를 누르면 됩니다. 받는 사람과 제목, 내용을 입력해 [보내기]를 누르면 메일을 보낼 수 있습니다.

TIP 메일 서명을 변경해서 깔끔한 업무 메일 만들기

윈도우 11의 메일 앱으로 이메일을 작성하면, 기본으로 'Windows용 메일에서 발송된 메일입니다'라는 메일 서명이 붙어 있습니다. 메일 서명을 변경하려면, [설정] 단추를 눌러 [서명]에 들어갑니다. 서명을 적용할 계정을 선택한 뒤, 원하는 글귀를 본문에 입력하여 [저장]하면 서명 지정이 완료됩니다.

기본 서명을 삭제하고 자신만의 문구 입력

[+ 새 메일]을 눌러 우측의 본문에서 서명이 잘 적용되었는지 확인한 뒤, 메일을 보내세요.

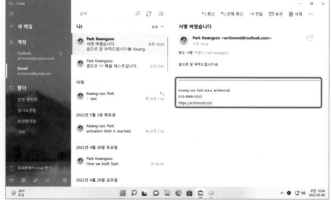

▪️▪️ 일정: 캘린더로 반복 업무 일정을 간편하게 추가하고 편집하기

윈도우 11의 일정 앱을 사용하면 간편하게 일정을 확인하고 편집할 수 있습니다. 검색 창에 '일정'을 입력하면 실행할 수 있습니다. 메일 앱과 마찬가지로 마이크로소프트 계정으로 로그인된 상태라면, 해당 계정의 캘린더가 나타납니다.

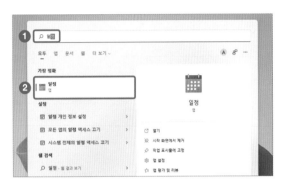 

Link 지메일 등의 계정을 추가하려면 163쪽을 참고하세요. 이미 메일 앱에서 지메일 계정을 추가했다면 일정 앱에서 다시 등록할 필요가 없습니다.

일정 추가/편집하기 달력의 일자를 클릭하면 새 일정을 추가할 수 있습니다. 일정 이름과 시간, 장소를 입력해 [저장]합니다. 일정 이름을 누르면 자세한 정보를 확인할 수 있고, 해당 일정을 한 번 더 클릭하면 편집모드로 들어갑니다.

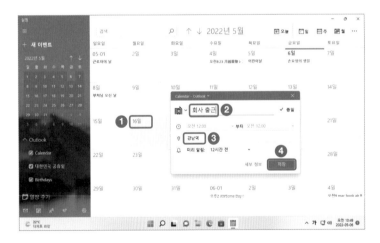

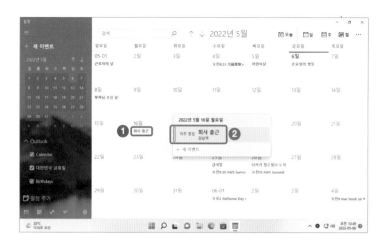

일정 편집 모드에서 [반복] 단추를 누르면 되풀이되는 일정으로 수정할 수 있습니다. 필자는 월수금 출근이 므로 1주마다, 월/수/금을 선택했습니다. [저장]을 누르면 지정한 대로 일정이 반복되어 있음을 확인할 수 있습니다.

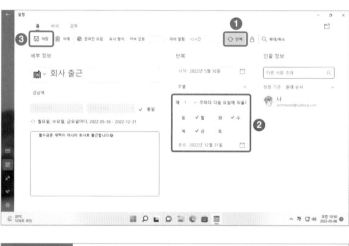

일정 삭제하기 불필요한 일정이 있다면 해당 항목을 클릭하여 [삭제]하세요. 반복되는 일정도 클릭 한 번에 삭제할 수 있습니다.

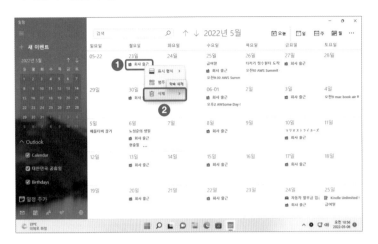

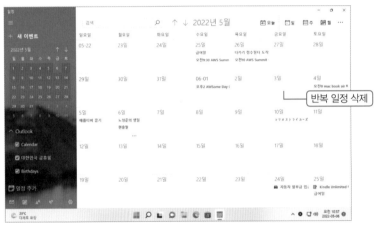

반복 일정 삭제

TIP 외국 기업과 협업한다면 국가별 공휴일 추가하기

우리나라뿐 아니라 전 세계의 공휴일 일정을 원하는 대로 추가할 수 있습니다. 좌측 하단의 [일정 추가]를 눌러 [휴일 일정]에 들어가면 여러 국가가 표시됩니다. 원하는 국가의 공휴일을 추가하여 일정 앱에서 편하게 확인해 보세요.

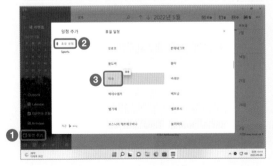

▉▉ 마이크로소프트 투두: 일상부터 업무까지 할일 관리하기

마이크로소프트 투두(Microsoft To Do)는 할 일 또는 작업 관리 앱입니다. 모바일이나 PC 등 다양한 기기에서 작업을 관리할 수 있는 것이 특징입니다. 검색 창에 'to do'를 입력하고 [Microsoft To Do]를 실행합니다.

Link 앱을 사용하려면 마이크로소프트 계정이 필요합니다(77쪽).

새 목록 만들기 새 할 일 목록을 만들려면 [+ 새 목록]을 클릭합니다. 목록 이름을 입력하고, 주제에 어울리는 아이콘을 선택합니다.

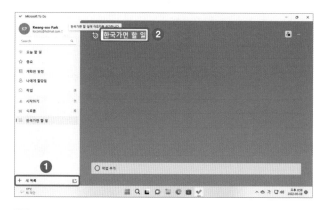

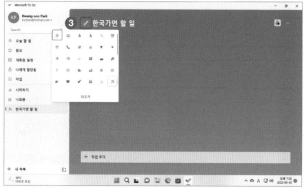

작업 추가하고 완료 표시하기 작업을 추가하려면 하단의 [+ 작업 추가] 영역에 작업을 입력하고 Enter 를 누르면 됩니다. 작업을 완료했다면 작업 항목의 [○]를 눌러 체크할 수 있습니다.

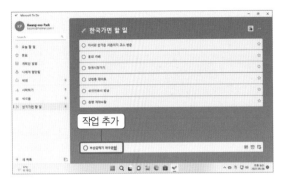 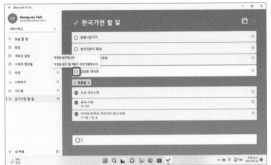

목록 배경 바꾸고(테마 설정) 필요한 기준에 따라 정렬하기 매일 사용하는 중요한 할 일 목록이라면 취향에 맞게 꾸며보세요. [목록 옵션(…)]을 눌러 테마를 변경할 수 있고, [정렬 기준]으로 중요도나 기한, 제목 순으로 목록을 정렬할 수 있습니다.

다른 사용자와 목록 공유하기 우측 상단의 [목록 공유] 단추를 눌러 다른 사용자와 할 일 목록을 공유할 수 있습니다. [초대 링크 만들기]를 클릭해 해당 링크를 전달하거나, 전자 메일로 보내는 것으로 작업 리스트를 공유하고 협업할 수 있습니다.

▪️▪️ 터미널: 생산성을 높이는 명령 줄 인터페이스 살펴보기

터미널(Windows Terminal)은 명령 프롬프트, 파워셀(PowerShell)과 비슷한 명령 줄 인터페이스 (Command–Line Interface, CLI) 앱입니다. 최신 트렌드를 반영한 윈도우 11의 터미널은 탭, 창 분할, 유니코드 및 UTF–8 지원, GPU 가속 렌더링 엔진, 사용자 정의 테마 등으로 생산성을 높여 줍니다. 검색 창에 '터미널'을 입력하면 실행할 수 있습니다.

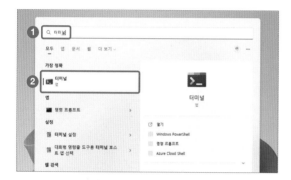 

탭 추가하기 [새 탭(+)]을 누르면 기본 명령 줄이 추가되며, [새 탭에서 열기(V)]를 누르면 여러 명령 줄 인 터페이스를 골라 추가할 수 있습니다.

웹 브라우저의 탭처럼 여러 인터페이스 추가

창 분할하기 [새 탭에서 열기(V)]를 누르면 셸 목록이 나타납니다. [Alt]를 누른 채 원하는 항목을 클릭하면 해당 명령 줄 인터페이스가 분할 화면으로 나타납니다. 창이나 탭을 전환할 필요 없이, 한 화면에서 여러 명령 줄 도구를 사용할 수 있어 편리합니다.

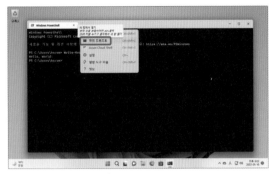
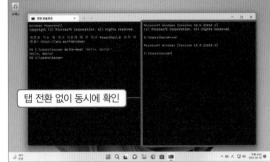

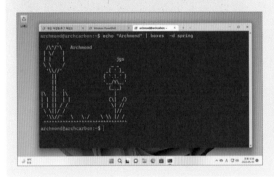

▦ 스티커 메모: 종이가 필요 없는 간편 메모장 쓰기

스티커 메모는 포스트잇(Post-It)처럼 간단히 메모하는 도구입니다. 검색 창에 '스티커'를 입력하면 [스티커 메모]를 실행할 수 있습니다.

Link 앱을 사용하려면 마이크로소프트 계정이 필요합니다(77쪽)

새 메모 만들기, 색깔 바꾸기 [+(새 메모)] 단추를 누르면 메모지가 나타나며, 계속 클릭하면 메모지가 늘어납니다. […(메뉴)]를 눌러 메모지의 색을 바꿀 수 있습니다. 노랑, 녹색, 분홍, 자주, 파랑, 회색, 목탄의 7가지 색이 제공됩니다.

메모 내용 입력하기 메모 내용에 간단한 서식을 지정하거나, 이미지를 입력할 수 있습니다. 전자펜(스타일러스)이 지원되는 태블릿이라면 필기 입력도 가능합니다.

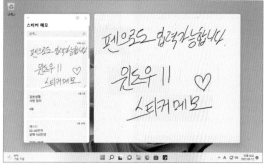

메모 검색하기 메모 내용을 목록 화면에서 검색할 수 있습니다.

여러 메모의 내용을
동시에 검색

TIP 스티커 메모는 웹사이트와 모바일도 있습니다.

– 웹사이트: https://outlook.live.com/mail/0/notes

– 스마트폰: 앱 스토어 또는 구글 플레이 스토어에서 onenote로 검색하여 설치한 뒤, [스티커 메모] 메뉴를 선택

PC, 모바일 앱, 웹에서 모두 활용 가능하므로 자주 사용하는 기기로 스티커 메모를 사용해 보세요.

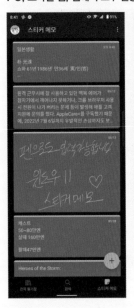

▪▪ 캡처 도구: 자유자재로 스크린샷 촬영하기

컴퓨터 화면을 복사해 이미지로 저장한 것을 스크린샷이라고 합니다. 윈도우 11에서 스크린샷을 촬영할 경우, 캡처 도구를 사용하면 편리합니다. 검색 창에 **캡처**를 입력하여 [**캡처 도구**]를 실행합니다.

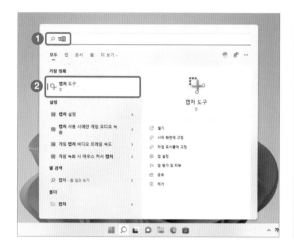

[단축키] 캡처 준비하기: [Windows] + [Shift] + [S]

기본 사각형 모드 기본 캡처는 사각형 모드입니다. [+ 새 캡처]를 클릭하면 화면이 전체적으로 흐려집니다. 마우스로 원하는 영역을 드래그해 선택합니다.

캡처 결과 화면이 나타납니다. 이 상태에서 바로 그림 파일로 저장하거나, 볼펜 등으로 중요한 부분에 주석을 달 수 있습니다.

창 모드, 전체 화면 모드, 자유 형식 모드 [창 모드]를 클릭하면 사각형, 창, 전체 화면, 자유 형식 중에서 선택할 수 있습니다. 원하는 형식을 선택해 스크린샷을 촬영해 보세요.

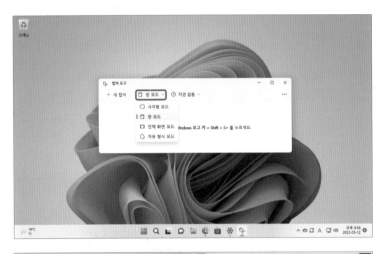

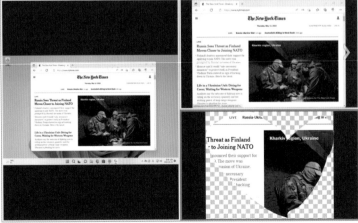

▲ (왼쪽부터 시계 방향으로)전체 화면/창/자유 형식

Print Screen 로 캡처 도구 열기

기본적으로 Print Screen 를 누르면 전체 화면의 스크린샷이 촬영됩니다. 하지만 캡처 도구와 같이 영역을 지정해 원하는 곳을 촬영하는 기능은 지원되지 않습니다. Print Screen 을 눌러 캡처 도구를 열고 싶다면, 검색 창에 print screen을 입력해 [화면 캡처를 사용하려면 〈Print Screen〉 키를 사용합니다.]를 엽니다. 설정 화면이 나타나면 **화면 인쇄 단추를 사용하여 화면 캡처 열기**를 [켬]으로 바꾸면 됩니다.

▪▪ 원격 데스크톱: 먼 곳에 있는 컴퓨터를 원격으로 접속해 내 컴퓨터처럼 조작하기

원격 데스크톱을 사용하면 먼 곳에 있는 PC를 원격으로 연결해 내 컴퓨터처럼 사용할 수 있습니다. 원격 연결을 허용하도록 설정한 뒤, 설정한 컴퓨터에 연결하는 방법을 알아봅니다.

원격 연결 설정하기(호스트 설정) 검색 창에서 원격 데스크톱 설정을 입력해 실행합니다. 원격 데스크톱의 '끔'을 '켬'으로 바꾸면 확인 대화 상자가 나타납니다. [확인]을 누르면 원격 데스크톱이 활성화됩니다.

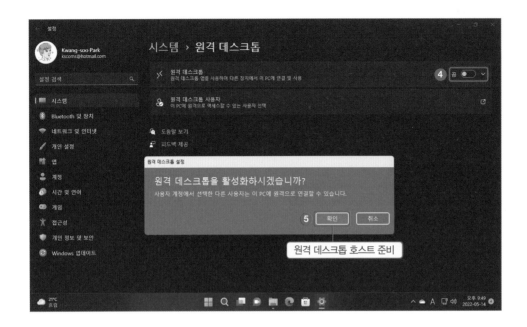

원격에서 접속할 컴퓨터에서 사용할 PC 이름(호스트명)이나 IP 주소를 확인합니다. **PC 이름**에 있는 호스트 명을 확인합니다. IP 주소를 확인하려면, Windows +R 을 눌러 실행 창을 엽니다. 'cmd'를 입력해 Enter 를 누릅니다. 명령 프롬프트가 나타나면 `ipconfig` 명령을 입력해 Enter 를 누르면 IPv4 주소를 확인할 수 있습니다. 여기서 확인한 PC 이름과 IP 주소를 메모해 둡니다.

IP 주소 또는 호스트명 사전 확인

아크몬드 특강 | **원격 데스크톱의 호스트는 홈 에디션에서는 사용할 수 없다.**

원격 데스크톱 호스트(서버) 기능은 프로 에디션 이상에서만 제공됩니다. 다만 원격 데스크톱 연결(클라이언트) 기능은 홈 에디션에서도 사용할 수 있습니다.

원격에서 접속하기(클라이언트 측 설정) 원격에서 접속하려면 검색 창에서 '원격 데스크톱'을 입력해 [원격 데스크톱 연결]을 실행합니다.

컴퓨터 항목에서 이전 과정에서 확인했던 PC 이름이나 IP 주소를 입력하고 **[연결]**을 클릭합니다.

원격 컴퓨터의 사용자 계정 정보를 입력하고 **[확인]**을 누릅니다. 원격 컴퓨터가 마이크로소프트 계정을 사용 중이라면, 해당 계정으로 접속합니다. 원격 접속을 설정했던 컴퓨터의 바탕 화면이 나타나면 성공입니다. 자유롭게 컴퓨터를 활용해 보세요.

TIP 맥북과 모바일에서도 사용할 수 있습니다.

– 맥북(macOS): 앱 스토어에서 'Microsoft Remote Desktop'을 검색하여 설치

– 스마트폰: 앱 스토어 또는 구글 플레이 스토어에서 'remote desktop'을 검색하여 설치

LESSON 04

멀티미디어 & 게임

░░ 엑스박스와 게임 패스 살펴보기

윈도우 11에는 엑스박스(Xbox) 앱이 내장되어 있습니다. 컴퓨터에 설치된 게임을 확인하거나 게임 구독 서비스인 엑스박스 게임 패스(Xbox Game Pass)를 활용하는 앱입니다. 검색 창에서 'xbox'를 입력하고 실행하세요.

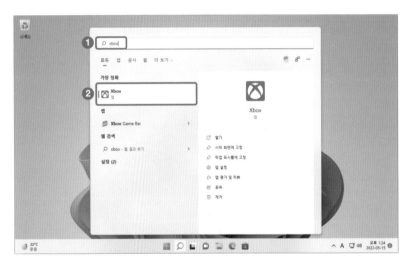

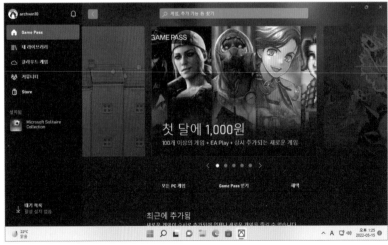

엑스박스에서 설치된 게임 확인하기 엑스박스 앱의 좌측 하단에 내 컴퓨터에 설치된 게임이 나타납니다. 게임을 선택하면 해당 게임의 정보가 나타나며, **[플레이]**를 클릭하면 게임을 즐길 수 있습니다. 참고로 윈도우 11에는 기본적으로 Microsoft Solitaire Collection이라는 카드 놀이 게임이 내장되어 있습니다. 별도의 설치가 필요 없어서, 가끔 필자도 가볍게 즐기고 있습니다.

엑스박스 게임 패스(Xbox Game Pass) 활용하기 게임계의 넷플릭스인 엑스박스 게임 패스를 윈도우 11의 엑스박스 앱으로 사용할 수 있습니다. 다양한 게임을 저렴한 가격으로 플레이하고 싶은 게이머에게 추천합니다. 게임 패스는 마이크로소프트의 비디오 게임 구독 서비스로, PC용은 월 7,900원이며 얼티밋은 월 11,900원입니다(2022년 12월 기준). 자세한 사항은 엑스박스 웹사이트(https://www.xbox.com/ko-KR/xbox-game-pass)를 참고하세요

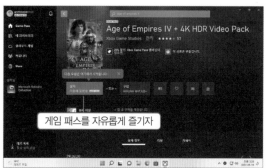

TIP 게임 패스 얼티밋 플랜은 모바일에서 스트리밍으로 게임할 수 있습니다.

스마트폰: 앱 스토어에서 'xbox game pass'를 검색하여 설치

■ 게임 바(Xbox Game Bar): 게임 플레이와 함께하는 편리한 도구

게임 실행 중에 [Windows]+[G]를 누르면 게임 바가 나타납니다. 게임 플레이 화면을 녹화하거나, 스크린샷을 찍거나, 볼륨을 조절하고 FPS를 확인할 수 있습니다. 게임 화면 위에 나타나므로 플레이 중인 화면을 벗어나 작업할 필요가 없어 편리합니다.

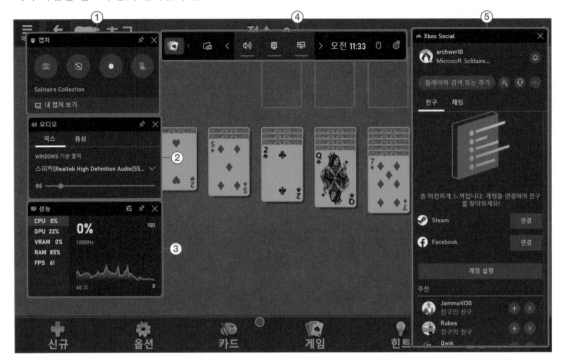

① **캡처**: 게임 플레이 화면을 사진이나 동영상으로 캡처하고 확인

② **오디오**: 스피커와 마이크의 볼륨 조절

③ **성능**: CPU, GPU, RAM, FPS(프레임레이트) 상태를 확인

④ **메인 메뉴**: 게임 바의 설정을 변경하거나 위젯 추가

⑤ **Xbox Social**: 스팀이나 엑스박스, 트위치, 페이스북 등의 서비스를 연결해 친구와 소통

게임 화면 캡처하기, 동영상 촬영하기 현재 게임 화면을 캡처하려면 캡처 창에서 [스크린샷 찍기]를 클릭합니다. 게임 플레이를 동영상으로 촬영하려면 [녹화 시작]을 누릅니다. 녹화를 마치려면 [녹화 중지]를 클릭합니다.

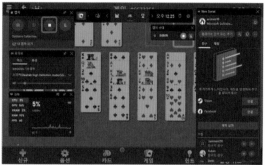

저장된 스크린샷 및 동영상 확인하기 게임 플레이를 사진이나 동영상으로 촬영한 결과를 확인하려면, 캡처 창의 [내 캡처 보기]를 클릭하면 됩니다. 저장된 사진이나 동영상 파일을 직접 확인하려면 [파일 탐색기에서 열기]를 클릭합니다. 동영상 폴더 내의 캡처 폴더에 사진이나 동영상이 저장된 것을 확인할 수 있습니다.

TIP 게임 소리를 조정하고 프레임레이트(FPS) 등의 성능 정보를 항상 표시하기

플레이 중인 게임에 집중하려면 앱별로 볼륨을 조절하면 좋습니다. 오디오 창의 믹스 탭에서 플레이 중인 게임의 볼륨은 높이고, 기타 프로그램의 볼륨은 줄이는 식으로 설정할 수 있습니다. 또한, FPS 등의 성능 정보를 항상 표시하려면 성능 창의 [고정] 단추를 클릭하면 됩니다.

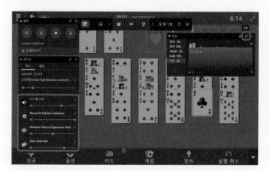

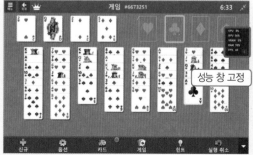

⬛ 사진: 그림 파일을 확인하고 편집하기

윈도우 11에 탑재된 사진 앱으로 그림 파일을 확인하거나 편집할 수 있습니다. 검색 창에서 '사진'을 입력해 실행하면 사진 앱이 나타납니다. 기본적으로 사진 폴더에 있는 그림 파일들이 나열되며, 원드라이브에 저장된 사진도 함께 보여 줍니다.

사진 보기, 여러 사진 비교하기 파일 탐색기에서 그림 파일을 더블클릭해 열거나, 사진 앱에서 이미지를 더블클릭하면 해당 사진을 확인할 수 있습니다. 화면 아래에는 동일한 폴더에 있는 다른 그림 파일들을 나열해 보여 줍니다. 여러 장의 사진을 비교하며 확인하려면 아래의 사진 리스트를 체크하면 됩니다.

사진 편집하기 현재 보고 있는 사진을 편집하려면 상단 메뉴에서 [이미지 편집]을 클릭합니다. 기본적으로 [자르기] 메뉴가 활성화되어, 사진을 자르거나 회전시킬 수 있습니다.

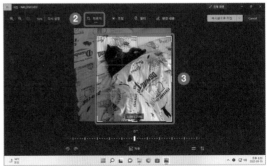

상단 메뉴의 **[필터]**에 들어가면 인스타그램(Instagram)처럼 여러 필터를 사용해 꾸밀 수 있습니다. 또한, **[변경 내용]**을 클릭하면 하단의 펜을 선택해 사진에 메모하거나 그림을 그릴 수 있습니다. 편집을 완료했다면 **[복사본으로 저장]**을 클릭하여 새 그림 파일로 저장할 수 있습니다.

펜으로 필기 또는 메모

■■ 동영상 편집기: 초보도 금방 따라할 수 있는 동영상 편집 프로그램

윈도우 11에는 동영상 편집 앱이 제공됩니다. 사용법이 복잡하고 유료인 동영상 편집 프로그램을 설치하지 않아도 기본적이고 간단한 비디오를 뚝딱 만들 수 있습니다. 검색 창에서 '편집기'를 입력해 동영상 편집기를 실행하세요. **[새 비디오 프로젝트]**를 눌러 새 동영상을 만들 수 있습니다.

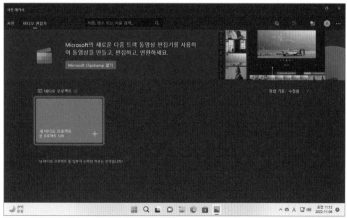

TIP 사진 레거시 다운로드로 동영상 편집기 되살리기

사진 앱이 업데이트되면서 기존 비디오 편집기(동영상 편집기)가 윈도우 11에 기본으로 내장되지 않습니다. 하지만 마이크로소프트 스토어를 통해 다운로드하면 다시금 사용할 수 있습니다. 사진 앱의 **[설정]**에 들어가면 **[사진 레거시 받기]** 단추를 클릭해 스토어에서 Microsoft 사진 레거시를 **[다운로드]**합니다.

사진 레거시를 다운로드하면
여전히 사용 가능

새 비디오 만들기 비디오 이름 지정 대화 상자가 나타납니다. 동영상 프로젝트의 이름을 짓고, **[확인]**을 누릅니다. 새 비디오에 들어갈 콘텐츠는 **[+ 추가]**를 눌러 지정할 수 있습니다. 사진 파일이나 동영상 파일을 지정합니다.

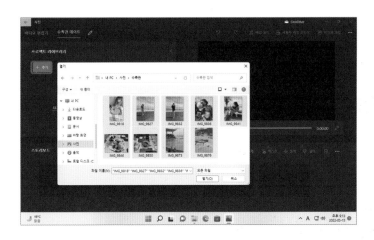

순서 바꾸기, 편집하기 프로젝트 라이브러리에 추가된 사진이나 동영상을 스토리보드 쪽으로 드래그하면 동영상의 틀이 만들어집니다. 스토리보드에 추가된 항목을 선택해 좌우로 드래그하면 순서를 바꿀 수 있습니다. 또한, 동영상이나 사진을 선택해 하단의 텍스트/동작/3D 효과/필터 등의 메뉴를 통해 입맛에 맞게 편집할 수 있습니다. 그중에서도 **[3D 효과]**를 누르면 여러가지 재미있는 입체 효과를 추가할 수 있습니다. **[재생(▶)]** 단추를 눌러 효과를 확인할 수 있습니다.

3D 효과로 예쁘게 꾸미기

제목 카드 추가 동영상의 도입부나 섹션에 글자를 넣고 싶다면, [제목 카드 추가]를 선택한 뒤 [텍스트]를 클릭하세요. 글자를 키보드로 입력한 뒤 스타일을 고르고, [재생(▶)] 단추를 눌러 결과를 확인해 보세요. 마음에 들면 [완료]를 누르면 됩니다.

테마 변경 [자세히 보기(…)] 단추를 눌러 [테마]를 클릭하세요. 테마를 고르면 배경 음악이나 필터, 텍스트 스타일을 알맞게 조정해 줍니다. 동영상에 어울리는 테마로 적용해 보세요. 마음에 들면 [완료] 단추를 누르면 됩니다.

결과 확인하기 동영상 편집이 완료되었다면 결과를 확인해 봅시다. **[전체 화면]** 단추를 눌러 화면을 확대한 뒤, **[재생(▶)]** 단추를 눌러 결과를 확인해 보세요.

전체 화면으로 재생해 편집 결과 확인

저장하기 [비디오 마침]을 클릭하여 동영상을 저장합니다. 비디오 화질을 선택하고, [내보내기]를 누릅니다. 파일 이름을 지정하고 [내보내기]를 다시 클릭하면 비디오 파일로 저장됩니다. 이 파일을 유튜브에 업로드하거나, 이메일로 전송하면 여러 사람과 공유할 수 있습니다.

■■ 클립챔프: 전문적인 비디오를 쉽게 만들 수 있는 동영상 편집기

앞에서 소개한 동영상 편집기는 기본적이고 간단한 비디오를 만들기에는 적합하지만, 사진이나 동영상에 대한 전환 효과가 지원되지 않으며, 동영상이나 사진을 동시에 나열하여 편집하는 타임 라인 기능이 없는 등 전문적인 비디오 편집용으로는 적합하지 않습니다.

클립챔프(Clipchamp) 동영상 편집기를 사용하면 프로페셔널한 동영상을 쉽게 만들 수 있습니다. 검색 창에 'clipchamp'를 입력해 실행하세요.

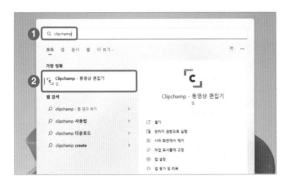 

TIP 스토어에서 클립챔프 다운로드하기

클립챔프는 기본적으로 윈도우 11에 탑재되어 있지만, 시작 메뉴에 없는 경우에는 스토어를 통해 다운로드할 수 있습니다. 마이크로소프트 스토어를 실행해 'clipchamp'로 검색하세요. [다운로드]를 클릭하면 간단히 설치됩니다.

편집 화면 살펴보기 클립챔프 시작 화면에서 우측 상단에 있는 [+ 동영상 만들기]를 누르면 편집 화면이 나타납니다. 다양한 기본 템플릿이 제공되어, 멋진 동영상을 빠르고 쉽게 만들 수 있는 것이 특징입니다.

 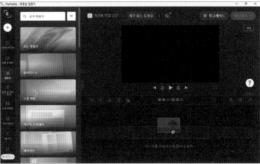

미디어 추가하고 타임라인에 배치하기 좌측의 [플러스(+)] 단추를 눌러 컴퓨터 내 자료나, 드롭박스, 구글 드라이브, 원드라이브 등의 클라우드 서비스에서 원하는 미디어를 추가할 수 있습니다. 기본적으로 좌측 메뉴에서 사진이나 동영상, 음악 등을 선택하여 우측의 타임라인에 배치하는 식으로 작업하게 됩니다.

화면비 변경하고 미디어 크기 조정하기 우측 상단의 [내보내기] 단추 아래에 있는 [16:9]에 마우스를 갖다대면 동영상의 화면비를 간단히 바꿀 수 있습니다. 타임라인이나 미리 보기를 클릭하여 화면 내 미디어의 크기나 위치를 조절할 수 있습니다.

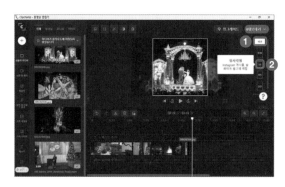 

이미지 크기를 조절할 수 있음

아크몬드 특강 | 용도에 어울리는 화면비로 설정한다

다양한 화면 비율을 사용하는 용도에 어울리게 설정해 보세요.

- 16:9(와이드스크린) 유튜브 시청
- 9:16(초상화) 스마트폰
- 1:1(정사각형) 인스타그램
- 4:5(소셜)/2:3(세로) 페이스북
- 21:9(시네마틱) 영화 시청

사진 꾸미기(필터, 색상 조정) 상단에 있는 [필터]를 클릭하면 인스타그램처럼 [풍경] 등 각종 필터 효과를 적용할 수 있고, [색상 조정]을 통해 사진의 온도나 대조 등을 조절할 수 있습니다.

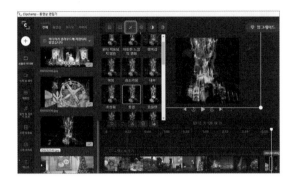 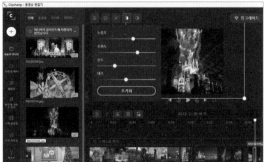

녹화 및 제작(컴퓨터 화면과 웹캠을 동시 녹화) 강의 자료를 만들 때 좌측 메뉴에서 [녹화 및 제작]을 눌러 나오는 [화면 및 카메라]를 활용하면 좋습니다. 웹캠으로 발표자의 모습을 녹화하며 화면의 움직임을 캡처해주니 강의 동영상을 녹화하는 용도로 적합합니다.

텍스트 음성 변환(TTS)을 입력하기 클립챔프에는 텍스트 음성 변환(TTS)이라는 재미있는 기능이 있습니다. 좌측 메뉴에서 [녹화 및 제작]을 눌러 나오는 [텍스트 음성 변환]을 선택하세요. 키보드로 입력한 문장을 소리내어 읽어 줍니다. 한글뿐 아니라 다양한 언어를 지원하며, 유튜브 동영상 등을 만들 때 스크립트를 읽어주는 용도로 활용하기 좋습니다. 텍스트를 입력해 [미리 보기]를 한 뒤 [미디어 저장]을 하면 소리 파일이 만들어지고, 드래그해 타임라인에 추가할 수 있습니다.

 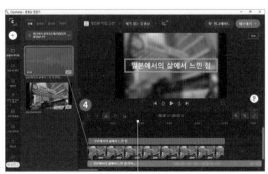

무료 동영상, 음악 넣기 클립챔프에는 '무료'라고 적힌 미디어에 한해 동영상이나 사진 등을 타임라인에 자유롭게 추가할 수 있습니다. 유료(프로) 항목도 추가할 수 있지만 완성된 동영상에 워터마크가 추가됩니다.

저장하기 동영상 편집을 완료했다면, 우측 상단의 **[내보내기]**를 누릅니다. 동영상 품질을 선택하면 자동으로 변환이 시작되며, 완료되면 컴퓨터에 저장하거나 곧바로 유튜브에 업로드하는 등의 작업이 가능합니다.

TIP 클립챔프 유료 플랜의 추가 기능을 확인하세요

클립챔프는 무료로 사용가능하지만, 고화질 동영상 및 사운드 효과가 '프로'라는 표시가 붙어 있습니다. 이를 사용하게 되면 완성된 동영상에 '클립챔프로 만들었습니다(made with Clipchamp)'라는 워터마크가 들어갑니다. 월별 혹은 연간 비용을 지불하면 클라우드 스토리지나 프리미엄 음악/비디오가 플랜에 따라 사용할 수 있습니다.

▪▪ 미디어 플레이어: 음악과 비디오를 간단히 재생하기

이전부터 윈도우 미디어 플레이어(Windows Media Player)라고 불리던 멀티미디어 재생기가 미디어 플레이어로 돌아왔습니다. 음악과 비디오를 플레이하고, 재생 목록을 관리할 수 있습니다. 검색 창에 '미디어'를 입력해 **미디어 플레이어**를 실행하세요.

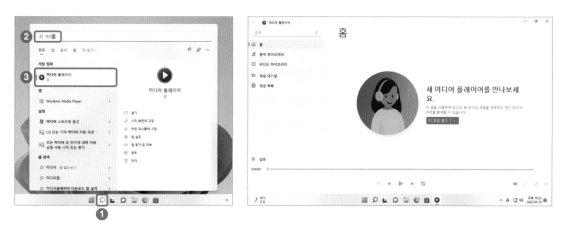

음악 듣기 좌측 메뉴에서 [음악 라이브러리]에 있는 곡을 선택해 재생하거나, [폴더 추가]로 재생할 노래를 추가할 수 있습니다. 큰 화면에서도 재생할 수 있지만, [미니 플레이어] 단추를 눌러 작은 창에서 재생하는 것도 가능합니다. 화면을 많이 차지하지 않으므로 다른 작업에 영향을 주지 않아 편리합니다.

음악 재생은 작은
화면으로 확인

비디오 보기 [비디오 라이브러리] 메뉴를 누르면 컴퓨터에 저장된 동영상들이 나타납니다. 목록에 나타나지 않는다면 [폴더 추가]로 재생할 비디오를 추가할 수 있습니다. 동영상을 클릭하면 재생되며, 우측 하단의 [전체 화면] 단추를 눌러 화면에 꽉 차게 표시할 수 있습니다.

음성 녹음기: 저장 형식을 지정할 수 있는 음성 녹음 프로그램

윈도우 11에는 간단한 녹음용 앱이 내장되어 있습니다. 이전 버전에서는 지원되지 않았던 녹음 장치(마이크) 변경, 파일 형식 변경이 가능합니다. 검색 창에 '녹음기'를 입력해 Windows 녹음기를 실행하세요.

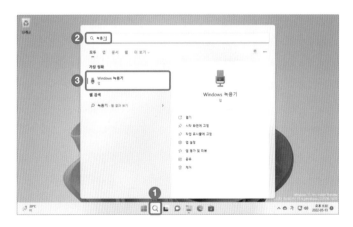

녹음하기 빨간색 [녹음 시작] 단추를 누르면 선택된 마이크를 통해 녹음이 시작됩니다. [일시 중지] 단추로 녹음을 잠깐 멈추거나, [녹음 중지] 단추를 클릭해 녹음을 끝낼 수 있습니다.

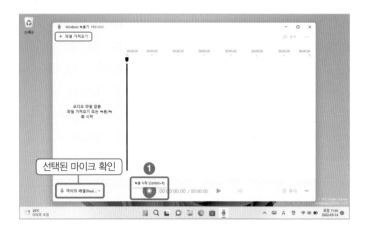

재생하기/속도 조절하기 녹음된 결과를 확인하려면 좌측의 녹음 목록을 선택하고, [재생] 단추를 누릅니다. 녹음된 내용이 길고 지루하다면 우측 하단의 [추가 옵션(⋯)] 단추를 눌러 [재생 속도]를 클릭합니다. 기본적으로 [1x (보통)]이 선택되어 있지만, [2x] , [4x] 등을 선택해 빠르게 재생할 수도 있습니다.

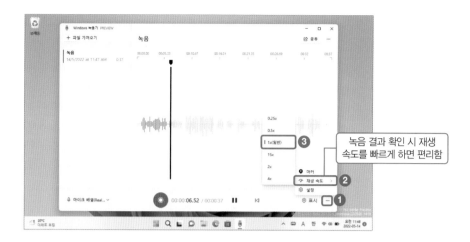

녹음 결과 확인 시 재생
속도를 빠르게 하면 편리함

음성 저장 형식 바꾸기 녹음 파일의 저장 형식을 변경할 수 있습니다. 우측 하단의 [**추가 옵션**(…)] 단추를
눌러 [**설정**]을 클릭합니다. 여기서 원하는 녹음 형식과 오디오 품질을 선택할 수 있습니다. 무손실 또는 고
품질의 경우 파일 크기가 커지니 적절히 선택하세요.

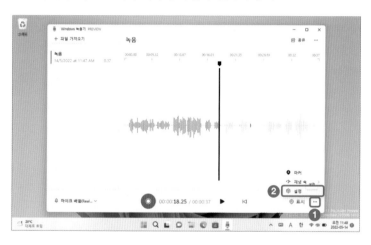

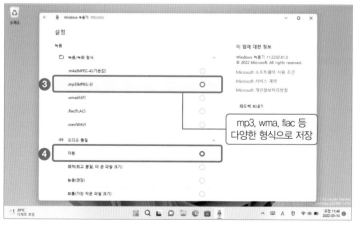

mp3, wma, flac 등
다양한 형식으로 저장

이름 바꾸기 기본적으로 녹음 파일은 '녹음'이라는 이름이 붙습니다. '녹음 (2)', '녹음 (3)' 등으로 저장되니 눈으로 봐서는 어떤 내용의 녹음 파일인지 구별하기 힘듭니다. 이런 경우를 대비해 녹음 파일의 이름을 바꾸면 편리합니다. 좌측의 목록에서 녹음 파일을 선택해 **[마우스 우클릭]**해서 나오는 단축 메뉴에서 **[이름 바꾸기]**를 하면 됩니다. 녹음 파일의 이름을 지정하고 **[이름 바꾸기]**를 클릭하면 완료됩니다.

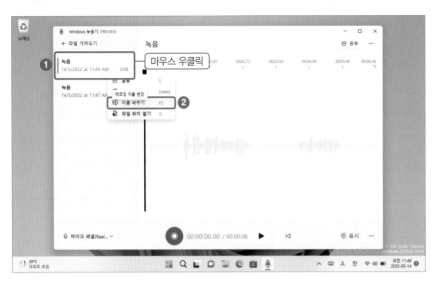

녹음 파일 확인하기 저장된 파일의 위치를 확인하려면 좌측의 목록에서 녹음 파일을 선택해 [마우스 우클릭]해서 나오는 단축 메뉴에서 [파일 위치 열기]를 선택합니다. 기본적으로 문서 폴더의 [소리 녹음]에 위치하는 것을 알 수 있습니다. 이 파일을 첨부해 메일을 보내거나, SNS 등으로 공유할 수 있습니다.

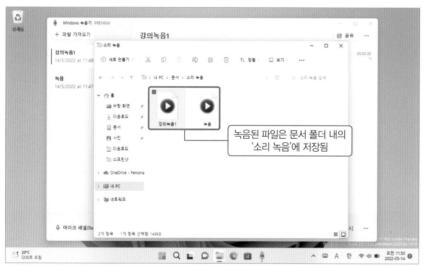

녹음된 파일은 문서 폴더 내의
'소리 녹음'에 저장됨

MEMO

컴퓨터가 쉬워지는
설정 마스터

윈도우 11의 세팅을 변경하는 설정 앱을 알아보고,
테마 등을 변경해 컴퓨터를 꾸미는 방법을 소개합니다.
고급 기능으로 최적화, 문제 해결, 초기화 방법까지 알려드립니다.

LESSON 01
한번 쓰면 되돌아갈 수 없는 편리한 설정 앱 알아보기

▚▚ 설정 앱 살펴보기

컴퓨터를 제대로 활용하려면 각종 설정을 알맞게 조정하는 설정 앱(새로운 제어판)과 친해지는 것이 좋습니다. 윈도우 11에서는 설정 앱의 화면 레이아웃이 변경되어, 원하는 설정 항목을 빠르게 선택할 수 있도록 설계되었습니다. 시작 메뉴에서 톱니바퀴 모양의 아이콘을 클릭하면 설정 앱이 나타납니다.

① **사용자 계정:** 마이크로소프트 계정 및 365 구독 등 사용자 계정에 관한 설정을 제공합니다.

② **검색 상자:** 각종 설정을 키워드 입력으로 신속하게 검색할 수 있습니다.

③ **카테고리:** 카테고리 별 설정을 선택하면 우측 화면에서 세부 항목을 확인할 수 있습니다.

④ **현재 위치:** 현재 표시된 설정 항목의 위치(계층)를 표시합니다.

⑤ **설정 항목:** 상세 설정 항목을 표시하며, 실제로 설정을 변경하는 공간입니다.

단축키 설정 앱 열기: Windows + I

설정 앱의 카테고리

카테고리	내용
시스템	시스템 전반의 설정을 변경합니다. 디스플레이, 소리, 알림, 배터리, 저장소, 문제 해결, 복구, 원격 데스크톱, 시스템 정보 등
Bluetooth 및 장치	내/외부 장치를 설정합니다. 프린터, 휴대폰, 카메라, 마우스, 펜, 자동 실행, USB 설정
네트워크 및 인터넷	인터넷 등 네트워크를 설정합니다. 이더넷, VPN, 프록시, 전화 접속, 고급 네트워크 설정
개인 설정	바탕 화면 디자인 등을 손봐, 내 입맛에 맞는 윈도우로 꾸밉니다. 배경, 색, 테마, 잠금 화면, 터치 키보드, 시작, 작업 표시줄, 글꼴, 디바이스 사용 현황
앱	설치된 앱을 관리합니다. 앱 및 기능, 기본 앱, 오프라인 지도, 선택적 기능, 웹사이트용 앱, 비디오 재생, 시작 프로그램
계정	마이크로소프트 계정을 설정합니다. 사용자 정보, 이메일, 로그인, 가족 사용자, 설정 백업 등
시간 및 언어	날짜 및 시간을 설정합니다. 언어 및 지역, 입력, 음성 설정
게임	게임 관련 기능을 설정합니다. Xbox Game Bar, 캡처, 게임 모드 설정
접근성	시각적인 효과나 확대 등으로, 윈도우 기능을 보완합니다. 텍스트 크기, 시각 효과, 대비 테마, 포인터, 돋보기, 색상 필터, 내레이터 등
개인 정보 및 보안	개인 정보 보호 옵션과 보안 설정을 변경합니다. 내 장치 찾기, 개발자 옵션, 앱 사용 권한 등
Windows 업데이트	윈도우 11을 최신 버전으로 유지합니다. 윈도우 업데이트, 업데이트 기록, 참가자 프로그램 등

윈도우 10과 마찬가지로, 제어판도 사용할 수 있습니다. 세부 설정이 필요한 경우 과거의 제어판으로 연결되는 경우가 아직 남아있습니다. 윈도우 버전업에 따라 점점 제어판의 기능을 흡수해 설정 앱에 이식되는 중입니다. Windows + R 을 눌러 실행 창을 열어 'control'을 입력한 뒤 Enter 를 누르면 전통적인 제어판이 나타납니다.

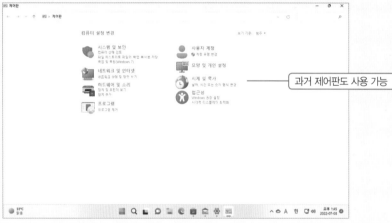

과거 제어판도 사용 가능

내 입맛에 딱 맞는 윈도우 11으로 꾸미기

눈이 편한 다크 모드(어두운 테마)로 변경하기

컴퓨터를 쾌적하게 사용하려면 화면에서 보이는 요소들이 정돈되어 깔끔하게 보이는 것이 중요합니다. 윈도우 11은 아름다운 디자인이 특징이며, 다양한 기본 테마를 제공합니다. 윈도우 11의 화면 모드는 크게 라이트(밝은)와 다크(어두운)로 나뉩니다. 기본적으로 라이트 모드가 적용되어 있으며, 원한다면 다크 모드로 변경할 수 있습니다.

라이트 모드를 다크 모드로 변경하기 바탕 화면의 빈 곳을 [마우스 우클릭]을 하고 [개인 설정]을 클릭합니다. 개인 설정 화면이 나타나면 [색]을 클릭합니다.

 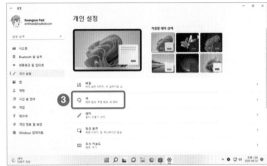

모드 선택에서 라이트와 다크, 사용자 지정이 나타납니다. [다크]를 선택하면 배경이 어둡게 표현되며, 글자는 밝게 표시됩니다. [라이트]를 선택하면 원래대로 돌아옵니다.

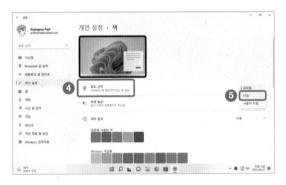 

추억 사진을 슬라이드 쇼 배경으로 설정하기

추억이 담긴 여행 사진 등을 배경 화면으로 지정할 수 있습니다. 검색 창에 '배경'을 입력하여 [배경 이미지 설정]을 클릭합니다. 설정 앱이 나타나면 **배경 개인 설정** 항목을 [슬라이드 쇼]로 변경합니다.

슬라이드 쇼 사진 앨범 선택 항목의 **[찾아보기]**를 누릅니다. 사진이 저장된 폴더를 선택하고, **[이 폴더 선택]**을 클릭합니다.

슬라이드 쇼 사진 앨범 선택에 원하는 폴더가 잘 지정되었는지 확인합니다. **다음 간격마다 사진 변경**에서 어느 정도의 시간 간격으로 사진이 변경될지를 설정합니다. 설정한 시간마다 자동으로 다음 사진이 보여집니다.

폴더 내 사진이 차례대로 배경 화면에 표시

TIP 매일 새로운 자연 경관으로 배경 화면 바꾸기

배경 개인 설정의 옵션 중에서 **[Windows 추천]**을 선택하면 바탕 화면 배경을 매일 새로운 자연 경관으로 바꿔 줍니다. 또한, 윈도우 우측 상단에 **이 그림에 대해 알아보기**가 나타납니다. 이 항목을 **[마우스 우클릭]**하면 아래와 같은 기능이 제공됩니다.

- 열기: 그림에 대한 재미있는 사실을 알아볼 수 있습니다. 해당 정보는 영어로 제공됩니다.
- 다음 그림으로 전환: 새로운 배경 화면 이미지를 불러옵니다.
- 이 그림이 마음에 듦/이 사진을 좋아하지 않음: 마음에 드는 사진인지 평가하여 추후 배경 화면 추천에 반영합니다.

마우스 우클릭

테마 변경하기

테마를 변경하면 윈도우의 배경 화면 그림, 색조, 소리, 마우스 포인터 등을 한 번에 변경할 수 있습니다. 윈도우 11에는 6가지의 기본 테마가 제공됩니다.

기본 테마 변경하기 검색 창에서 '테마'를 입력해 [테마 및 관련 설정]을 클릭합니다. 원하는 테마를 선택하면 곧바로 컴퓨터에 적용됩니다.

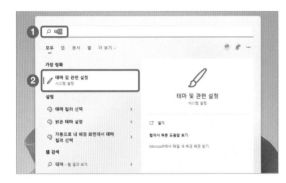
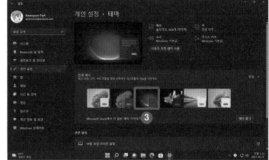

스토어에서 다양한 테마 찾기 윈도우 11에서 제공하는 기본 테마 외에, 더 많은 테마를 얻고 싶다면 [테마 찾기]를 클릭하세요. 스토어를 통해 다양한 테마를 확인하여 마음에 드는 테마를 선택하면 됩니다.

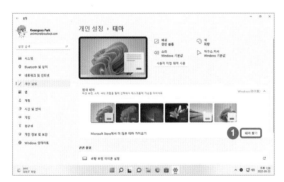

상세 정보에서 [다운로드]하면 컴퓨터에 추가됩니다. 새 테마를 클릭해 적용해 보세요.

눈이 편안한 윈도우 11 만들기

재택 근무로 컴퓨터나 태블릿 등을 비롯한 IT 기기를 장시간 사용하면 눈의 피로가 쌓이게 됩니다. 눈 건강을 위해 윈도우 11의 화면 설정을 살펴보고 알맞게 조절해 보세요.

화면 밝기 조정하기 모니터는 주변과 밝기 차이가 크지 않은 것이 좋으며, 너무 밝다면 조금 어둡게 설정하는 것이 좋습니다. 우측 하단의 [**스피커**] 단추를 눌러 [**빠른 설정**]을 열어 밝기를 조절할 수 있습니다. 오른쪽으로 갈수록 화면이 밝아집니다.

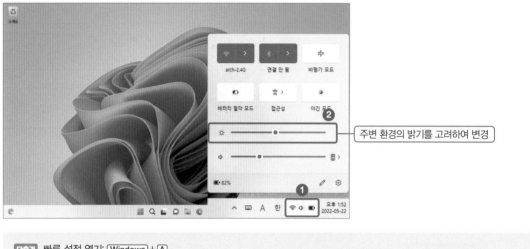

주변 환경의 밝기를 고려하여 변경

단축키 빠른 설정 열기: [Windows] + [A]

야간 모드로 블루 라이트 차단하기 블루 라이트로 불리는 청색광은 밤에 잠드는 데 방해가 될 수 있습니다. 따뜻한 색을 사용하여 블루 라이트를 줄이려면 윈도우 11의 야간 모드를 활용해 보세요. 검색 창에서 '야간'을 입력해 [**야간 모드**]에 들어갑니다. [**지금 켜기**]를 누르면 곧바로 야간 모드가 적용되어 모니터가 누르스름해집니다.

누르스름해지는 정도를 조정하려면 **강도**를 알맞게 조절하면 됩니다. 오른쪽으로 갈수록 붉은 색에 가까워집니다. **야간 모드 예약**을 [켬]으로 바꾸면 원하는 시간대에 야간 모드로 변경되도록 설정할 수 있습니다. 필자는 자동으로 알맞은 시간대에 야간 모드를 켜주는 [**일몰부터 일출까지**] 옵션을 애용하고 있습니다.

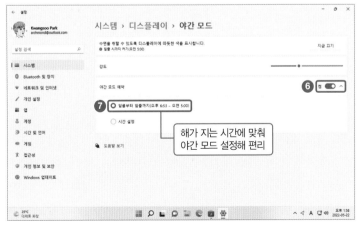

해가 지는 시간에 맞춰 야간 모드 설정해 편리

큰 화면에 맞게 작은 글씨 키우기 시간이 지남에 따라 점점 더 큰 디스플레이가 발매되어, 4K/8K 등의 높은 해상도를 사용하게 되었습니다. 큰 화면에 비해 깨알같이 작은 글자로 인해 눈이 금방 피로해지기 일쑤인데요, 윈도우에서는 DPI(Dots per inch) 배율로 화면에 표시되는 요소의 크기를 확대해 보기 쉽게 만들 수 있습니다. 검색 창에서 'dpi'를 검색하여 [텍스트, 앱 및 기타 항목의 크기 변경]을 클릭합니다.

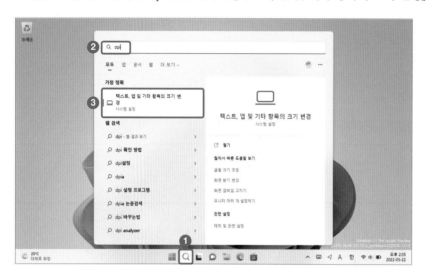

[배율]을 클릭하면 컴퓨터에서 지원하는 다양한 DPI 옵션이 나타나며, 퍼센트(%) 값으로 변경할 수 있습니다.

2376 * 1824 해상도 화면에서 배율을 변경해 봤습니다. 왼쪽 그림은 150%, 오른쪽은 200%인 경우입니다. DPI가 클수록 확대되어 보기 편해지지만, 한 화면에 표시되는 내용은 적어집니다. 용도와 상황에 맞게 선택해 사용해 보세요.

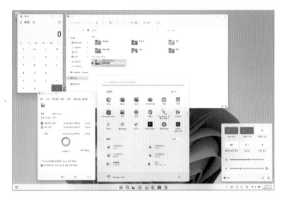

▲ 150%의 경우 : 작지만 많은 정보 표시   ▲ 200%의 경우 : 크지만 적은 정보 표시

작은 마우스 포인터 크게 만들기 높은 해상도의 컴퓨터를 사용하다 보면 화살표 모양의 마우스 포인터가 턱없이 작게 느껴지는 경우가 있습니다. 화면의 어디에 마우스 포인터가 있는지 알기 힘든 경우도 많습니다. 윈도우 11에서는 마우스 포인터를 원하는 만큼 크게 만들어 보기 편하게 설정할 수 있습니다. 검색 창에서 '마우스 포인터 크기'를 입력해 실행합니다. **마우스 포인터 및 터치**가 나타나면 **크기**를 원하는 대로 조절해 보세요. 오른쪽으로 갈수록 마우스 포인터가 커집니다.

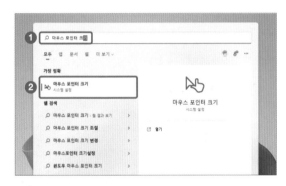

마우스 포인터 스타일을 [검정], [반전됨] 등으로 변경할 수 있습니다. [사용자 지정]을 하면 마우스 포인터의 색상도 변경할 수 있습니다.

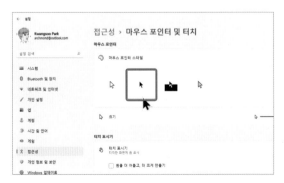

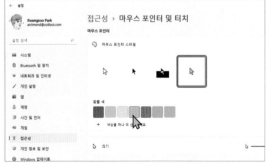

바탕 화면 아이콘 크게 만들기 바탕 화면에서 [마우스 우클릭]을 해서 [보기] 메뉴에 들어가면 바탕 화면 아이콘의 크기를 3단계로 조절할 수 있습니다. [큰/보통/작은 아이콘] 중에서 선택할 수 있습니다. 바탕 화면의 아이콘이 작아 잘 보이지 않거나, 유사하게 생긴 아이콘이 구별되지 않는 경우에 유용합니다. 이 아이콘 크기를 변경해도 작업 표시줄이나 시작 메뉴의 아이콘에는 영향을 미치지 않습니다.

 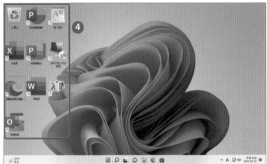

단축키 바탕 화면 아이콘의 크기 조절: Ctrl+마우스 휠 위아래

돋보기 사용하기 화면의 내용이 작아 잘 보이지 않는다면 확대해 보세요. Windows+⊞를 누르면 돋보기가 실행됩니다. Windows+⊞를 누를 때마다 더 크게 확대되며, Windows+⊟를 누르면 축소됩니다. 돋보기를 종료하려면 돋보기 창의 [닫기(x)] 단추 또는 Windows+Esc를 누르면 됩니다.

 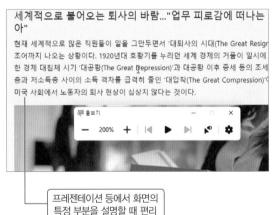

프레젠테이션 등에서 화면의
특정 부분을 설명할 때 편리

지금까지 윈도우에서 음성으로 텍스트를 들으려면 스크린리더 프로그램을 별도로 설치해야 했습니다. 윈도우 11의 돋보기에는 화면 확대 기능 외에도, 화면에서 보이는 텍스트를 소리내어 읽어주는 스크린리더 기능이 포함되어 있습니다. 돋보기 창에서 [여기에서 읽기]를 클릭한 뒤, 텍스트를 선택하면 해당 위치부터 소리내어 읽어 줍니다.

선택한 부분부터 소리내어 읽기

기본 브라우저 변경하기

윈도우 11은 마이크로소프트 엣지 브라우저가 기본 브라우저로 설정되어 있으므로, 웹사이트 링크나 HTML 파일을 열게 되면 기본 브라우저인 엣지에서 열립니다.

01 구글 크롬(Google Chrome)이나 모질라 파이어폭스(Mozilla Firefox), 네이버 웨일(Naver Whale)과 같은 다른 브라우저를 기본 브라우저로 설정하려면 검색 창에 '기본 앱'을 입력해 실행합니다. 기본 앱 중에서 [Microsoft Edge]를 클릭합니다.

02 기본 파일 유형 목록에서 .htm 항목을 클릭해 [Chrome] 등 원하는 브라우저를 선택하면 됩니다. 번거롭지만 .html, HTTP, HTTPS도 마찬가지로 원하는 브라우저로 변경하면 설정이 완료됩니다.

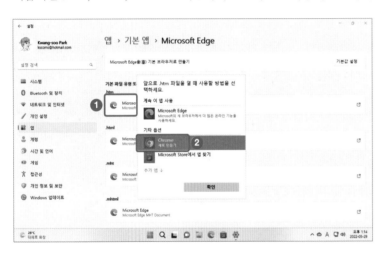

필요한 프로토콜과 파일
형식을 연결하는 작업 필요

윈도우를 다른 언어로 바꾸어 사용하기

윈도우의 언어 팩을 추가하면 운영체제에서 사용할 언어를 언제든지 변경할 수 있습니다. 기본 설정 언어를 다른 나라의 언어로 바꾸면 해당 국가의 윈도우로 깜짝 변신합니다.

언어 팩 추가하기(기본 표시 언어 변경) 01 검색 창에 '언어 추가'를 입력해 [이 장치에 언어 추가]를 실행합니다. 기본 설정 언어의 [언어 추가] 단추를 클릭합니다.

02 추가할 언어를 선택하여 [다음]을 누릅니다. 해당 언어를 윈도우의 기본 표시 언어로 하려면 내 **Windows 표시 언어로 설정**을 체크하여 [설치]를 클릭합니다.

03 언어 팩 등을 자동으로 다운로드합니다. 내려 받기가 완료되면 [로그아웃] 단추를 클릭합니다.

TIP 언어 우선 순위를 변경할 수 있습니다.

한국어, 영어, 일본어 등 다양한 언어를 추가한 뒤, 해당 언어 바를 드래그하거나 점(…)을 눌러 [위/아래로 이동]하면 해당 순서로 자판 배열이 정렬됩니다. 윈도우 표시 언어는 다운로드한 언어 중 가장 위쪽에 배치한 언어로 결정됩니다.

기본 앱의 언어를 변경하기 지금까지의 설정만으로도 기본적인 윈도우 표시 설정이 다른 나라의 언어로 변경되지만, 지역을 변경하여 기본 앱의 언어도 해당 언어로 바꿀 수 있습니다. 설정 앱에서 **국가 또는 지역** 에서 원하는 국가로 설정합니다. 아래쪽의 **사용지역 언어**도 변경하면 더욱 좋습니다.

마이크로소프트 스토어를 실행해 좌측 하단의 **[라이브러리]**에 들어가, 우측 상단의 **[업데이트 다운로드]**를 실행합니다. 모든 앱의 업데이트가 끝나면 시작 메뉴의 기본 앱들이 설정한 언어 버전으로 업데이트된 것을 확인할 수 있습니다.

기본 앱도 언어에 맞게 변경됨

단축키 입력 언어 전환(다국어 입력): Windows + Spacebar

컴퓨터가 느려질 때 처음처럼 최적화하는 법

컴퓨터를 오래 사용하다 보면 여러 이유로 점점 성능이 저하되고 속도가 느려집니다. 대표적으로 불필요한 프로그램이 설치된 경우, 윈도우 시작과 동시에 실행되는 프로그램이 지나치게 늘어난 경우, 많은 파일을 다운로드해 디스크 용량을 차지한 경우, 잘못된 설정을 한 경우 등이 있습니다. 그럴 때에는 윈도우 11의 속도를 높이는 최적화 팁을 적용해 보세요. PC의 성능 문제를 개선하여 보다 가볍게 만들 수 있습니다.

윈도우 11 PC를 쾌적하게, 간단한 최적화 팁

컴퓨터를 사용하다 보면 여러 이유로 점점 성능이 저하되고 속도가 느려집니다. 그럴 때에는 윈도우 11의 속도를 높이는 최적화 팁을 적용해 보세요. PC의 성능 문제를 개선하여 보다 가볍게 만들어 줍니다.

윈도우 시작과 동시에 자동으로 실행되는 프로그램 줄이기 컴퓨터를 켬과 동시에 자동으로 실행되는 프로그램이 많으면 윈도우가 느려집니다. 검색 창에서 '시작 앱'을 입력해 실행합니다. 사용하지 않거나 사용 빈도가 낮은 앱을 [끔]으로 바꾸면 자동으로 실행되는 것을 막아 PC 동작이 원활해집니다.

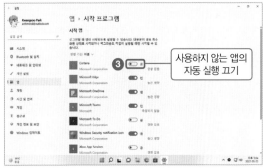

사용하지 않는 앱의 자동 실행 끄기

필요 없는 특수 효과(투명, 애니메이션) 끄기 윈도우 11은 투명 효과, 애니메이션 효과 등 화면을 보기 좋게 만드는 특수 효과를 제공합니다. 성능이 높은 새 컴퓨터에서는 이 옵션들을 사용하더라도 시스템 성능에 큰 영향이 없지만, 구형 PC에서는 성능이 저하될 수 있습니다. 검색 창에서 '시각 효과'를 입력해 실행합니다. 필요 없는 효과를 [끔]으로 바꾸면 윈도우의 동작이 가벼워집니다.

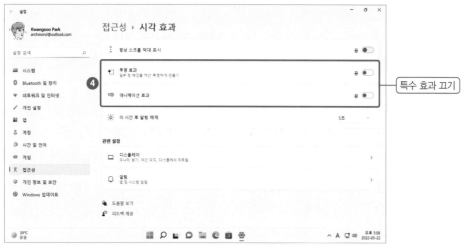

전원 옵션을 조절해 기기의 성능을 최대로 끌어내기

전원 옵션에서 최고 성능(고성능)을 선택하면 기기의 성능이 전반적으로 향상됩니다. 하지만 그만큼 많은 배터리를 사용합니다. 배터리 전원을 사용하는 노트북이나 태블릿의 경우 권장(균형 조정)을 선택하는 것이 사용 시간 연장에 도움이 됩니다. 필자는 동영상 편집이나 게임 등 시스템 자원을 많이 사용한다면 **[최고 성능]**을 선택해 사용하다가, 고성능이 필요 없는 환경이면 **[권장(균형 조정)]**으로 변경하여 작업하고 있습니다.

데스크톱에서 설정하는 법 Windows+R을 눌러 아래와 같이 실행 창을 엽니다. 다음과 같이 'powercfg. cpl'을 입력하고 Enter를 누릅니다. 처음에는 비활성화된 설정을 변경할 수 없으므로 [**현재 사용할 수 없는 설정 변경**]을 클릭합니다.

추가 전원 관리 옵션 표시의 오른쪽에 있는 작은 [∧/∨] 단추를 클릭하면 숨겨진 옵션이 나타납니다. 경우에 따라 [**고성능**] 또는 [**향상된 성능**]이 나타납니다. 고성능으로 변경하면 높은 성능을 끌어낼 수 있지만 전력 사용량이 높아지고, 컴퓨터 부품의 수명이 빨리 단축될 수 있습니다.

환경을 고려한다면 [균형 조정]이나 [절전]을 선택

노트북/태블릿에서 설정하는 법 검색 창에서 '배터리 설정'을 입력해 [**전원, 절전 및 배터리 설정**]을 실행합니다. **전원 모드**는 기본적으로 [**권장**]이 선택되어 있습니다. 성능을 올리려면 [**향상된 성능**], [**최고 성능**] 중에서 선택합니다. 그만큼 배터리 전원은 빨리 소모됩니다.

장치 성능에 문제를 일으키는 항목을 진단하고 조치하기 검색 창에서 '장치 성능'을 입력하여 **[장치 성능 및 상태]**를 실행하면 간단히 시스템의 상태를 확인할 수 있습니다. 대부분의 경우 **문제 없음**으로 나타나지만, 잘못 설정되어 있다면 해당 항목을 바로잡을 수 있습니다.

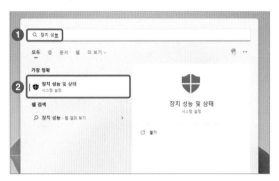

저장소 센스로 디스크 공간 자동 확보하기 컴퓨터를 사용하다 보면 디스크 용량이 부족해질 때가 있습니다. 저장소 센스는 필요 없는 파일을 정기적으로, 자동으로 정리하는 기능입니다. 임시 시스템 파일과 30일 이상 휴지통에 있는 파일을 정리하며, 30일 이상 열지 않은 원드라이브 콘텐츠를 온라인 전용으로 변경하여 디스크 용량을 확보해 줍니다. 검색 창에서 '저장소 센스'를 입력해 **[저장소 센스 켜기]**를 실행합니다. **[저장 공간 센스]**를 클릭합니다.

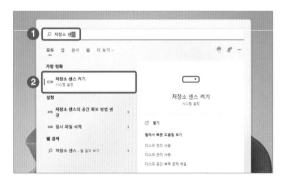

자동 사용자 콘텐츠 정리를 [켬]으로 바꿉니다. 이제부터 디스크 공간이 부족해지면 자동으로 불필요한 항목을 정리해 줍니다. 아래쪽으로 스크롤해 [저장 공간 센스 지금 실행]을 클릭하면 수동으로 정리를 수행할 수 있습니다.

필요 없는 알림 끄기 윈도우 11 팁이나 새로운 기능에 대해 가끔 우측 하단에 알림이 나타납니다. 이 기능도 컴퓨터의 자원을 사용하므로, 필요 없는 경우에는 비활성화하는 것이 좋습니다. 검색 창에서 '알림'을 입력해 [알림 및 작업]을 실행합니다. 아래쪽으로 스크롤해 [추가 설정]을 클릭하면 3가지 항목이 나타납니다. 윈도우 11의 팁이나 추천 정보이므로, 필요 없는 항목의 체크를 해제하면 됩니다.

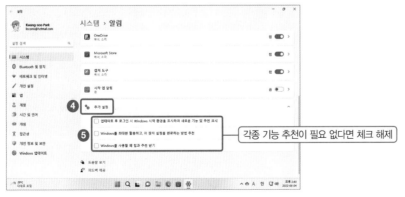

각종 기능 추천이 필요 없다면 체크 해제

■■ 작업 흔적 정리로 개인 정보 보호하기

시작 메뉴, 점프 목록 및 탐색기에서 최근에 연 항목 지우기

윈도우 11을 사용하다 보면 탐색기나 시작 메뉴에 최근에 연 항목이 저장됩니다. 해당 기록을 노출하기 싫은 분이라면 이 기능을 완전히 끄거나, 일시적으로 리스트를 제거할 수 있습니다.

파일 탐색기에서 최근에 사용한 파일, 폴더 기록 삭제하기 파일 탐색기를 열면 '최근 항목'에 자주 사용하는 폴더나 최근에 사용한 파일이 표시됩니다. 마이크로소프트 계정으로 로그인된 상태라면 최근 작업한 원드라이브(OneDrive) 문서가 나타나기도 합니다. 이 목록을 삭제하려면 [자세히(…)] 단추를 눌러 [옵션]을 클릭하세요.

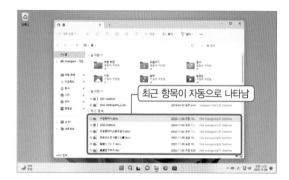

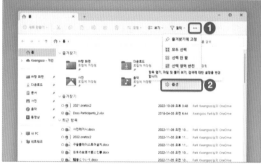

개인 정보 보호의 [지우기]를 누르면 해당 리스트를 삭제할 수 있습니다. 하지만 이는 임시로 최근 항목을 깨끗하게 청소할 뿐이므로, 최근에 사용한 파일이나 폴더 등을 계속 표시하지 않으려면 **최근에 사용한 파일 표시, 자주 사용하는 폴더 표시** 등의 옵션의 체크를 해제하세요. [확인]을 눌러 대화 상자를 닫으면 **최근 항목**이 깨끗해진 모습을 확인할 수 있습니다.

시작 메뉴에서 최근에 사용한 항목을 보이지 않게 하기 시작 메뉴의 **맞춤** 영역에 최근에 연 항목이 나타납니다. 이를 제거하려면 검색 창에서 '최근에'를 입력해 [**시작 메뉴, 점프 목록 및 파일 탐색기에서 최근에 연 항목 표시**]를 실행합니다.

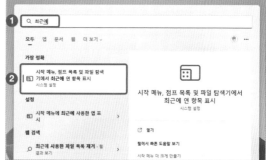

시작 메뉴, 점프 목록 및 파일 탐색기에서 최근에 연 항목 표시를 [**끔**]으로 바꿉니다. 다시 시작 메뉴를 열어 확인해보면 **맞춤** 영역에 최근에 작업한 파일 목록이 사라진 것을 확인할 수 있습니다.

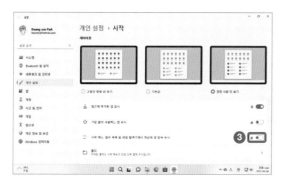

최근 검색 기록 없애기

검색 창을 열면 **최근** 항목에 그동안 검색한 키워드가 나타납니다. 이를 삭제하려면 검색 창에서 '검색 권한'을 입력해 [**검색 권한 및 기록**]을 실행합니다.

검색 창에 입력했던 키워드도 저장됨

현재 검색 기록을 일시적으로 삭제하려면 [내 장치 기록 지우기]를 클릭하면 됩니다. 검색 기록 자체를 사용하지 않으려면 **이 장치의 검색 기록**을 [끔]으로 바꾸면 됩니다. 다시 검색 창을 열어 확인하면 **최근** 항목이 사라지고 **추천** 항목만 남아 있는 것을 확인할 수 있습니다.

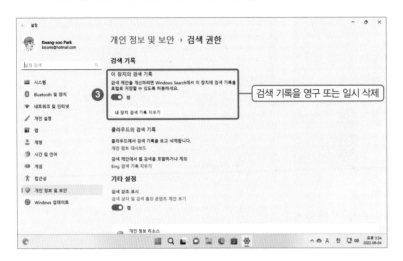

LESSON 02 다양한 문제 스스로 해결하기

🔲 갑자기 화면이 멈췄을 때 임시 해결하기

컴퓨터를 사용하다 보면 많은 오류를 만나게 되는데, 그중에서도 높은 빈도로 발생하는 것이 탐색기가 먹통이 되는(응답 없음 또는 프리징) 문제입니다. 이 오류는 시스템 파일의 손상이나 특정 프로그램과의 충돌, 디스크의 물리적 손상 등 다양한 원인으로 발생합니다. 탐색기를 재시작하면 해당 프로세스를 껐다가 다시 켜게 되므로 일시적인 문제를 회피할 수 있습니다.

탐색기 재시작하기

시작 메뉴에서 [마우스 우클릭]을 하고 나오는 메뉴에서 [작업 관리자]를 실행합니다. 만약 작업 관리자가 [간단히] 창으로 나오면 [자세히]를 클릭합니다. [프로세스] 탭에서 [Windows 탐색기]를 찾아 [마우스 우클릭]으로 나오는 메뉴에서 [다시 시작]을 클릭합니다.

단축키 빠른 연결 메뉴 열기: Windows + X

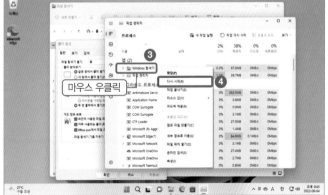

실행 중인 탐색기나 대화 상자 등이 종료되고, 순간적으로 작업 표시줄이 깜빡거립니다. 시작 메뉴를 포함해 작업 표시줄 아이콘이 다시 나타나면 탐색기 등을 켜서 이전에 하던 작업을 다시 시도해 보세요. 개선되지 않는다면 전원 메뉴에서 시스템을 [다시 시작]하는 것을 추천합니다.

[Windows 탐색기]를 재시작하면 작업 표시줄이 리셋됨

원격으로 컴퓨터를 고치거나 도움 요청하기

윈도우 11에서 간편하게 다른 PC를 제어하는 기능으로 빠른 지원(Quick Assist)을 제공합니다. 빠른 지원은 본래 마이크로소프트의 윈도우 기술 상담을 위해 내장된 프로그램입니다. 원격 접속으로 다른 사람의 컴퓨터를 제어하여 PC의 문제를 진단하거나 고칠 수 있습니다. 별도의 프로그램 설치가 필요없지만, 지원하는 사용자(도우미)는 마이크로소프트 계정을 보유하고 있어야 합니다. 검색 창에서 [빠른 지원]을 입력해 실행합니다.

공유자

도우미

TIP 빠른 지원 실행에 실패하면 수동 설치 하세요.

빠른 지원을 실행했을 때 새 버전으로 설치하라는 메시지가 나오는 경우가 있습니다. 기본 값대로 진행하면 자동으로 설치를 진행하기에 별도의 작업은 필요없지만, 설치에 실패한 경우에는 스토어에서 '빠른 지원'을 검색해 수동으로 설치 또는 업데이트를 합니다.

01 지원 번호 만들기(도우미: 컴퓨터 전문가) 도우미(컴퓨터 전문가) 측에서 [빠른 지원]을 실행합니다. **지원하기**에 있는 [다른 사람 지원] 단추를 클릭합니다. 마이크로소프트 계정으로 로그인합니다.

02 6자리의 **보안 코드**(도우미 코드)가 나타납니다. 이를 공유자(컴퓨터 초보)와 공유하면 됩니다. 생성된 보안 코드는 10분간 유효하므로, 해당 시간 내에 공유자가 이 코드로 접속해야 지원을 시작할 수 있습니다.

Link 보안 코드를 만들려면 마이크로소프트 계정이 필요합니다(77쪽).

03 **보안 코드를 입력해 화면 공유하기(공유자: 컴퓨터 전문가)** 공유자(컴퓨터 초보) 측에서도 검색 창에서 '빠른 지원'을 입력해 실행합니다. 도우미(컴퓨터 전문가) 측에서 공유한 **보안 코드**(도우미 코드)를 입력한 뒤, [화면 공유] 단추를 클릭합니다.

04 **권한 요구하기와 권한 허락하기** 도우미(컴퓨터 전문가) 측에서 상황에 맞게 권한을 선택합니다. 직접적인 도움을 주기 위해서는 [모든 권한 가지기]를 선택하여 [계속] 단추를 누릅니다. 공유자(컴퓨터 초보) 측에서 [허용]하면 원격 지원이 시작됩니다.

▲ 도우미 화면

▲ 공유자 화면

05 **원격 지원하기(컴퓨터 전문가: 도우미)** 원격 지원이 시작되면 상단에는 각종 메뉴가, 하단에는 공유자(컴퓨터 초보)의 화면이 나타납니다. 브러시 툴을 선택해 메모하며 정보를 공유하고, 공유된 화면을 원격 조작하여 도움을 줄 수 있습니다.

▐▌ 노트북 분실을 대비하고 도난 시 원격 잠금하기

노트북이나 태블릿을 분실 또는 도난당한 경우 어떻게 해야 할까요? 다행히 마이크로소프트 계정으로 로그인한 사용자에 한해, '내 장치 찾기' 기능이 제공됩니다. 기본적으로 해당 기능이 켜져 있지만 제대로 설정되었는지 미리 확인해 두는 것이 좋습니다. 그리고 기기 위치 파악, 원격 잠금 기능을 살펴보겠습니다.

Link 내 장치 찾기 기능을 사용하려면 마이크로소프트 계정이 필요합니다(77쪽).

01 내 장치 찾기 설정 확인 검색 창에서 '디바이스 찾기'를 입력해 [내 디바이스 찾기]를 실행합니다. 내 **디바이스 찾기**가 [**켬**]으로 되어 있는지 확인합니다. [**끔**]으로 되어 있다면 [**켬**]으로 바꾸세요. 참고로 이 기능을 사용하려면 **위치 서비스**를 사용하고 있어야 합니다.

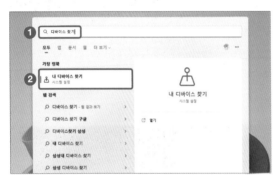

02 내 컴퓨터 위치 파악하기 '내 장치 찾기' 기능이 제대로 설정되어 있다면, 주기적으로 컴퓨터의 위치를 저장하므로 분실 시 기기의 위치를 파악할 가능성이 높아집니다. 마이크로소프트 계정 웹사이트(https://account.microsoft.com/)에 접속한 뒤, **장치** 아래에 있는 [**내 디바이스 찾기**]를 클릭합니다. 목록에서 장치를 선택하면 우측의 지도로 위치를 확인할 수 있습니다. 다만 해당 노트북이나 태블릿이 인터넷에 접속되어 있어야 하며, 대략적인 위치를 알려준다는 한계를 가지고 있습니다.

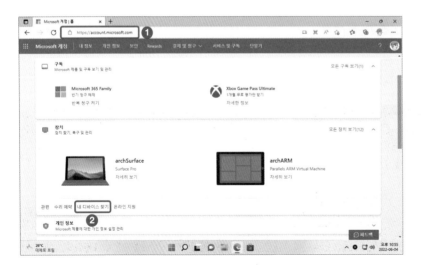

03 **내 컴퓨터 잠그기** 장치를 선택하고 [잠금] 단추를 누르면 원격으로 기기를 잠글 수 있습니다. 그리고 장치를 잠글 때의 메시지를 입력할 수 있습니다. 분실된 컴퓨터의 화면 상에 나타나는 메시지이므로 이메일 등의 연락처를 적어 두는 것이 좋습니다.

설정이 완료되면 '**장치가 잠겼습니다.**'라는 메시지가 나타납니다. 해당 기기의 화면에 지정한 메시지가 나타나며, 마이크로소프트 계정으로 제대로 로그인하지 않으면 기기를 사용할 수 없게 잠깁니다.

▓ 자주 발생하는 시스템 문제 알아서 해결하기

윈도우 11에는 스스로 문제를 검색하고, 알맞은 대처 방법을 소개하는 다양한 **문제 해결사**가 제공됩니다. 윈도우 업데이트 문제, 스피커에서 소리가 나오지 않거나, 인터넷 연결 문제 등 다양한 장면에서 활용 가능합니다. 검색 창에서 '설정 문제'를 입력해 **[설정 문제 해결]**을 실행합니다. **문제 해결** 설정 창이 나타나면 **[다른 문제 해결사]**를 클릭하세요.

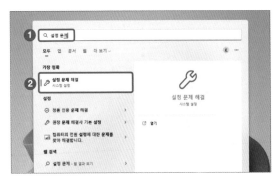 

해결하고 싶은 문제에 대해 **[실행]** 단추를 누릅니다. 문제 해결사가 실행되어 어떤 문제가 있는지 찾아 줍니다.

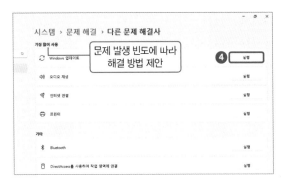 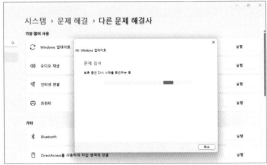

문제 해결사가 완료되면 발견된 문제를 표시해 줍니다. **[자세한 정보 보기]**를 누르면 해당 문제에 대한 자세한 정보를 알려 줍니다. 어떤 부분이 문제인지, 해당 문제가 해결되었는지 확인할 수 있습니다.

초기화로 손쉽게 윈도우 11을 재설치하기

윈도우를 공장 초기화 상태로 만들고 싶은 경우, **PC 초기화** 기능을 활용할 수 있습니다. 이 기능을 사용하면 기본 앱을 제외한 모든 앱을 삭제하며, '내 파일 유지하기' 설정을 선택하면 사용자 데이터를 그대로 유지하면서 초기화할 수 있습니다.

01 검색 창에서 '초기화'를 입력해 [**이 PC 초기화**]를 실행합니다. 복구 설정이 나타나면 [**PC 초기화**] 단추를 클릭합니다.

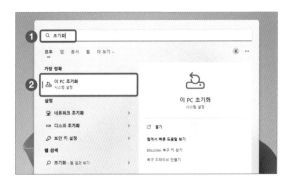

윈도우 재설치에 필요한 준비물이 없어 편리

TIP 초기화 작업 전에 중요한 데이터를 미리 백업하세요.
윈도우 초기화 작업 전에 중요한 데이터를 안전한 장소(클라우드 저장소 등)에 미리 백업하시기 바랍니다.

02 **옵션 선택** 창에서 원하는 옵션을 선택합니다. [**내 파일 유지**]를 선택하면 윈도우를 초기화하지만 개인 파일을 삭제하지 않고 유지해 줍니다.

[모든 항목 제거]를 선택하면 개인 파일을 포함해 전체 데이터를 초기화하므로 위험할 수 있습니다. 다음으로, 윈도우를 다시 설치하는 방식을 선택합니다. [로컬 다시 설치]를 선택하면 내 컴퓨터에 저장되어 있는 윈도우 복구 이미지를 활용합니다. [클라우드 다운로드]를 선택하면 인터넷을 통해 윈도우 설치 이미지를 다운로드하므로 시간이 더 걸리지만 [로컬 다시 설치]가 되지 않을 때 대안으로 선택할 수 있습니다.

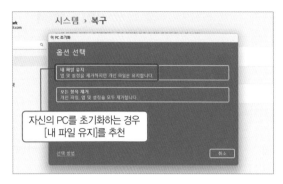

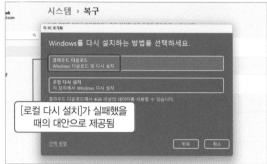

03 추가 설정 창이 나옵니다. [다음]을 눌러 진행하면 **이 PC를 초기화할 준비 완료**가 나타납니다. 어떤 옵션이 선택되었는지 확인한 뒤, [다시 설정]을 누르면 윈도우 초기화가 시작됩니다.

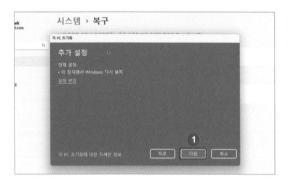

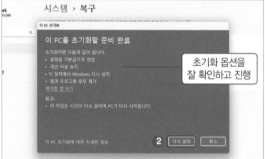

04 다시 설정 준비 중 화면이 나타나며, 자동으로 시스템을 재시작합니다. 노트북이나 태블릿의 경우 작업이 완료될 때까지 전원에 연결해 두는 것이 좋습니다. 초기화가 완료되면 데이터가 제대로 존재하는지, 윈도우가 정상적으로 초기화되었는지 확인해 보세요.

■■ 갑자기 발생하는 윈도우 부팅 문제 해결하기

컴퓨터가 제대로 부팅되지 않으면 난감해 집니다. 잘 작동하던 시스템이 갑자기 작동을 멈추는 상황에서 컴퓨터를 어디서부터 어떻게 고칠지 파악하는 것은 쉬운 일이 아닙니다. 윈도우 11이 탑재된 컴퓨터도 시스템 파티션의 손상이나 디스크 손상 등으로 정상적으로 켜지지 않는 경우가 발생할 수 있습니다. 이럴 때 활용할 수 있는 도구로 '시동 복구' 기능을 제공하고 있습니다.

바탕화면이 켜지는 경우 윈도우로 진입할 수 있는 경우에는 검색 창에서 '고급 시작'을 입력해 [고급 시작 옵션 변경]을 실행합니다. **고급 시작 옵션**에 있는 [지금 다시 시작] 단추를 눌러 **윈도우 복구 환경 모드**로 진입할 수 있습니다.

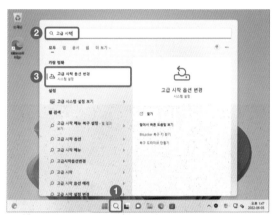 

바탕화면이 켜지지 않는 경우 컴퓨터가 정상적으로 부팅이 되지 않을 경우 컴퓨터에 있는 [전원] 버튼을 길게 눌러 PC의 전원을 3회 강제 종료하면 **윈도우 복구 환경 모드**로 들어갈 수 있습니다.

윈도우 복구 환경 모드에서 시동 복구 시도하기 윈도우 복구 환경(Windows RE)의 옵션 선택 화면이 나타나면 [문제 해결] 메뉴에 들어간 뒤, [고급 옵션]을 선택합니다.

[고급 옵션]에서 [시동 복구]를 선택합니다. 시동 복구를 통해 부팅 문제를 진단하고, 자동으로 해당 문제를 해결하도록 복구를 시도합니다. 컴퓨터 구성에 따라 다르지만 대략 10분~1시간 정도 시간이 소요됩니다. 이 방법으로도 문제가 해결되지 않는다면 다음에서 소개하는 팁을 활용해 보세요.

아크몬드 특강 | 그래도 부팅 문제가 해결되지 않을 때 사용하는 명령어 입력 순서

윈도우 복구 환경에서 [문제 해결]의 [고급 옵션]에 있는 [명령 프롬프트]에 들어가 부팅 문제를 해결하는 명령어를 수동으로 수행할 수 있습니다. 아래 명령어들을 순서대로 입력해 복구를 시도해 보세요. 명령어를 작성할 때, 띄어쓰기는 필수입니다. 명령에 따라 붙여써도 실행되는 경우도 있지만, 띄어쓰는 것이 안전합니다.

1. bootrec /fixmbr
부트 코드를 복구합니다. MBR(마스터 부트 레코드)를 시스템 파티션에 기록합니다.

2. bootsect /nt60 sys
부팅 섹터를 복원합니다. 윈도우 8 이상의 시스템 파티션을 업데이트합니다.

3. bootrec /fixboot
부팅 섹터를 복구합니다. 시스템 파티션에 새 부팅 섹터를 작성합니다.

4. bootrec /rebuildbcd
BCD(Boot Configuration Data)를 재구성합니다. 경우에 따라 '검색된 항목을 추가하시겠습니까?'라는 질문이 나오기도 합니다. 그럴 때에는 y(예)를 눌러 Enter를 누릅니다.

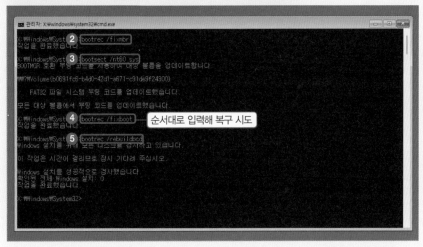

순서대로 입력해 복구 시도

MEMO

CHAPTER
06

혼자서는 익히기 어려운
윈도우 11의 꿀팁들

윈도우도 시간이 지남에 따라 점점 발전했습니다.
예전에는 필수로 설치했던 소프트웨어가 윈도우의 기본 기능이 개선되면서
이제는 필요하지 않게된 경우가 많지만, 여전히 부족한 부분이 있습니다.
이번에는 윈도우 11 운영체제와 잘 어울리는 고급 사용자 도구를 소개합니다.

고급 사용자로 레벨 업하는 무료 프로그램 4가지

과거에는 윈도우의 부족한 점을 메워주는 소프트웨어를 많이 사용했지만, 지금은 윈도우의 기본 기능이 많이 개선되었습니다. 그럼에도 도움이 되는 소프트웨어는 여전히 존재합니다. 이번에는 윈도우 11 운영체제와 잘 어울리는 고급 사용자 도구 4가지를 알려드립니다. 작고 단순하며 무료로 사용할 수 있는 앱을 위주로 소개합니다.

윈겟: 윈도우용 프로그램을 명령어 한 줄로 다운로드 및 설치하기

윈겟(Winget)은 윈도우 11에 내장된 앱(프로그램) 설치 관리자입니다. 윈겟을 이용하면 간단한 명령어 한 줄로 프로그램을 다운로드하고 설치까지 할 수 있습니다. 검색 창에서 '터미널'을 입력해 실행합니다. 터미널에서 **winget**을 입력해 Enter 를 누르면 'Windows 패키지 관리자'의 사용 방법이 나타납니다.

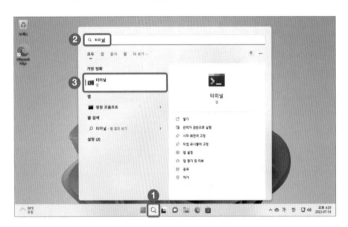

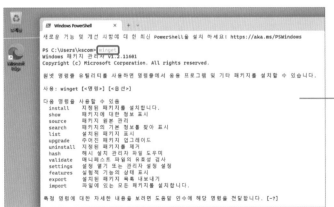

윈도우 11에는 윈겟이 내장되어 있음

TIP 윈겟이 실행되지 않는 경우에는 스토어 또는 웹에서 다운로드하세요.

윈겟을 보유하지 않은 PC의 경우, 마이크로소프트 스토어를 통해 내려받을 수 있습니다. 스토어에서 'winget'을 입력해 '앱 설치 관리자'를 선택해 설치하거나, 웹 브라우저에서 https://github.com/microsoft/winget-cli/releases에 접속해 최신 버전의 .msixbundle 파일을 다운로드해 실행하면 됩니다.

프로그램 찾고 설치하기 윈겟으로 프로그램을 설치하려면 먼저 프로그램명을 검색합니다. `winget search 프로그램명`을 입력하고 키보드에서 [Enter]를 눌러 설치하려는 프로그램을 찾고, `winget install --id 프로그램의 장치 ID`를 입력해 [Enter]를 눌러 설치할 수 있습니다. 설치 파일 다운로드 및 인스톨 과정이 자동으로 이뤄집니다. 윈겟을 사용하면 별다른 알림 없이 조용히 설치됩니다. 시작 메뉴에서 설치된 앱을 찾아 실행할 수 있습니다.

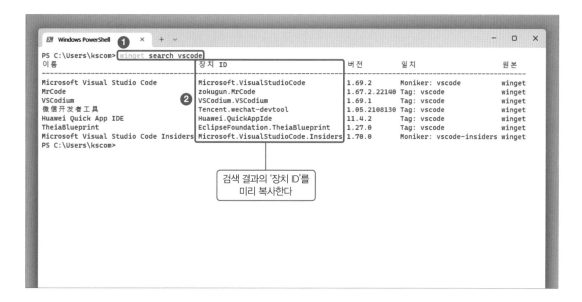

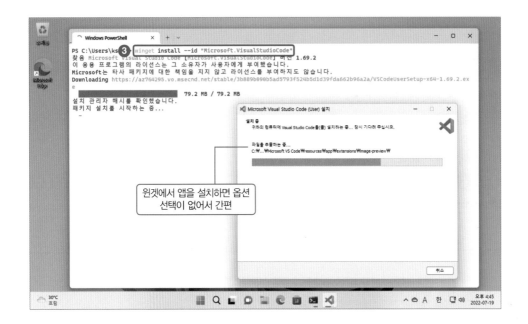

원겟에서 앱을 설치하면 옵션
선택이 없어서 간편

아크몬드 특강 | **터미널 명령어 입력이 처음이라면**

Q. 명령어를 작성할 때, 대/소문자 상관없나요?

A. winget search와 같은 명령어는 대문자로 입력해도 됩니다. 하지만 '프로그램명'이나 '장치 ID'는 대소문자를 구분하는 것이 좋습니다.

Q. 명령어에 띄어쓰기가 영향을 주나요?

A. 명령어에 따라 띄어쓰지 않아도 실행되는 경우가 있지만, 띄어쓰기를 지키는 것을 추천합니다. 안전하며, 가독성이 높아지기 때문입니다.

TIP winget 명령을 처음 사용할 때 사용권 계약 메시지가 나타난다면?

winget 명령을 처음 사용하면 아래와 같은 사용권 계약 메시지가 나타날 수 있습니다. 이럴 때는 Y를 입력하고 Enter를 눌러 진행하면 됩니다.

> 'msstore' 원본을 사용하려면 다음 계약을 확인해야 합니다.
> Terms of Transaction: https://aka.ms/microsoft-store-terms-of-transaction
> 원본이 제대로 작동하려면 현재 컴퓨터의 두 글자 지리적 지역을 백 엔드 서비스로 보내야 합니다(예: "미국").
> 모든 원본 사용 약관에 동의하십니까?
> [Y] 예 [N] 아니요:

프로그램 삭제 또는 업데이트하기 윈겟으로 프로그램을 삭제하려면 먼저 프로그램을 검색해야 합니다. `winget list 프로그램명`을 입력하고 [Enter]를 눌러 삭제하려는 앱을 찾고, `winget uninstall --id 프로그램의 장치` ID를 입력해 [Enter]를 눌러 삭제할 수 있습니다. 앱의 버전 업그레이드도 비슷한 작업으로 수행할 수 있습니다. `winget upgrade`를 입력해 [Enter]를 눌러 업그레이드 가능한 프로그램의 리스트를 불러옵니다. `winget upgrade --id 프로그램의 장치` ID를 입력해 [Enter]를 눌러 최신 버전으로 업그레이드할 수 있습니다.

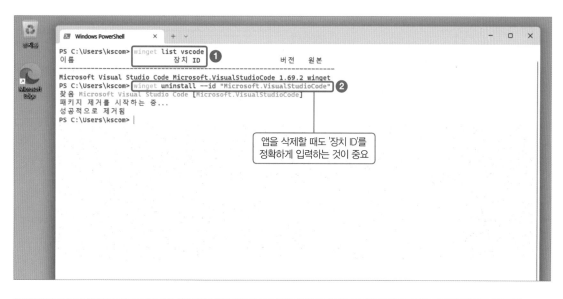

앱을 삭제할 때도 '장치 ID'를
정확하게 입력하는 것이 중요

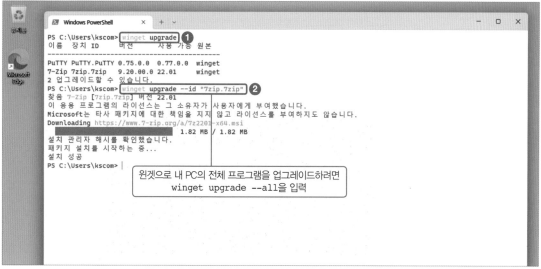

윈겟으로 내 PC의 전체 프로그램을 업그레이드하려면
winget upgrade --all을 입력

TIP 윈겟 웹사이트에서 프로그램 설치 명령어를 간단히 입수하기

윈겟을 사용하여 명령어 한 줄로 앱을 설치할 수 있지만 앱의 ID를 찾아야 하는 점이 조금 번거롭습니다. 웹 브라우저에서 윈겟 웹사이트(https://winget.run/)에 접속해 프로그램을 검색하면 설치 명령이 준비되어 있어서, 복사 단추를 눌러 터미널에 붙여넣은 뒤 [Enter]를 누르기만 하면 설치됩니다. 명령어를 복사해도 설치되지 않는 경우에는 명령 끝에 --force를 추가해 실행하면 됩니다(해시 확인을 무시하는 옵션입니다).

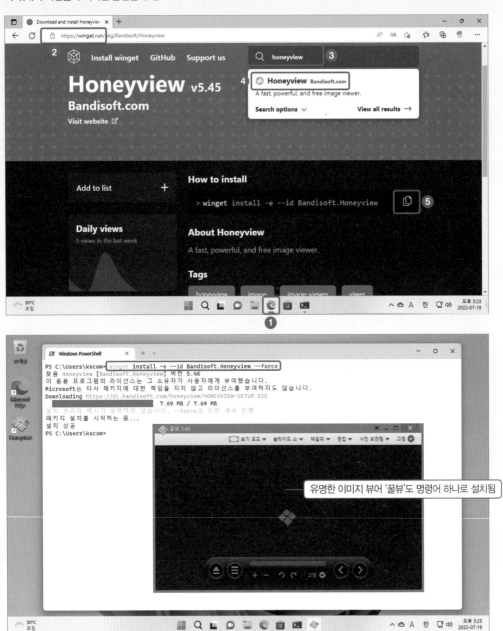

유명한 이미지 뷰어 '꿀뷰'도 명령어 하나로 설치됨

■■ 에브리씽: 파일과 폴더를 몇 초 만에 찾는 빠른 검색 도구

일반적으로 탐색기에서 파일을 찾을 때에는 대상 폴더로 이동한 뒤 검색 창에 파일명을 입력해 검색합니다. 하지만 데이터가 많을수록 검색 결과가 표시되는 속도가 느려집니다. 에브리씽(Everything)을 사용하면 몇 초만에 원하는 파일을 찾을 수 있어 생산성이 높아집니다.

에브리씽 설치하기 보이드툴즈 웹사이트(https://www.voidtools.com/ko-kr/downloads/)에 접속해 '64비트 설치파일'을 다운로드해 실행합니다. 설치 옵션은 기본 값대로 진행하세요. 또는 앞에서 소개한 윈겟으로 터미널에서 명령어를 입력하여 간단히 설치할 수 있습니다. **[터미널]**을 열고 `winget install -e --id voidtools.Everything`을 입력해 Enter 를 누르세요.

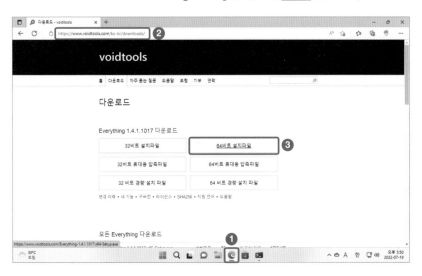

에브리씽 기본 사용법 바탕 화면의 에브리씽 아이콘을 더블클릭해 실행합니다. 검색 창에 키워드를 입력하면 수 초 내에 관련된 파일을 보여 줍니다. 검색 결과가 너무 많을 때는 **검색** 메뉴에서 [문서], [실행파일], [비디오] 등을 골라 해당 형식만 보이게 필터링할 수 있습니다.

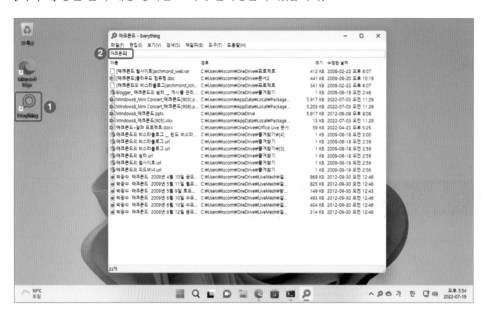

특정 폴더의 파일만 검색하기 검색 창에 검색할 폴더의 경로를 입력하면 해당 폴더의 파일이 쭉 나타납니다. 경로 뒤에 공백(스페이스바)을 추가해 파일명이나 확장자를 입력하면 해당 정보로 한 번 더 필터링해주므로, 원하는 정보에 더 가까워집니다.

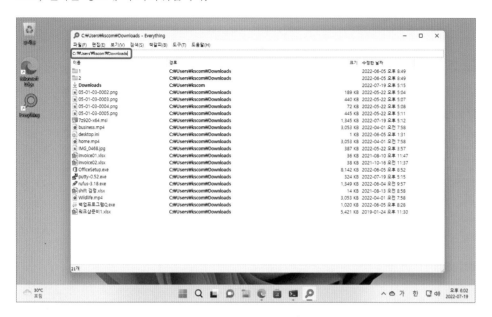

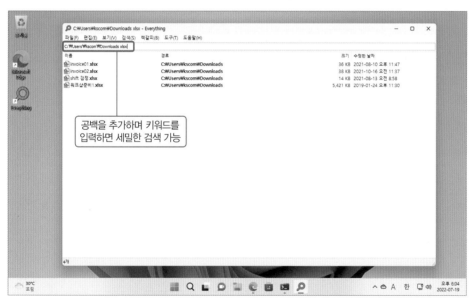

공백을 추가하며 키워드를
입력하면 세밀한 검색 가능

■■ 트리사이즈 프리: 부족한 디스크 용량 관리하기

컴퓨터를 사용하다 보면 디스크의 용량이 부족해질 때가 있습니다. 사용하지 않는 프로그램을 여럿 제거했는데도 여유 용량이 많이 확보되지 않은 경우, 트리사이즈(TreeSize)와 같은 디스크 관리 앱을 활용하면 대용량 파일이나 폴더를 한눈에 확인하고 삭제할 수 있습니다.

트리사이즈 프리 설치 마이크로소프트 스토어에서 'treesize'를 입력해 [TreeSize Free]를 선택해 설치합니다. 또는 앞에서 소개한 윈겟으로 간단히 설치할 수 있습니다. [터미널]에서 `winget install -e --id JAMSoftware.TreeSize.Free`을 입력해 Enter 를 누르세요.

▲ 스토어에서 설치하면 정기적으로 자동 업데이트

▲ 윈겟으로 설치하면 명령어 한 줄로 빠르게 설치

디스크를 많이 차지하는 덩치 큰 폴더를 직관적으로 확인하고 삭제하기 시작 메뉴에서 [TreeSize Free (Administrator)]를 클릭해 실행합니다. [경로 선택 ▼]을 눌러 분석할 드라이브를 선택합니다.

디스크 용량을 많이 차지하는 폴더 순으로 정렬됩니다. 폴더명을 더블클릭하면 내용을 자세히 확인할 수 있습니다. 필요 없는 항목을 선택하고, [마우스 우클릭]으로 나오는 단축 메뉴에서 [삭제]를 클릭하면 제거할 수 있습니다. 상단의 [보기] 메뉴를 선택해 [트리맵 차트 보기]를 클릭하면 선택된 계층의 폴더별 크기를 그래프로 확인할 수 있습니다. 사각형의 크기가 클수록 디스크의 용량을 많이 차지하고 있는 폴더입니다.

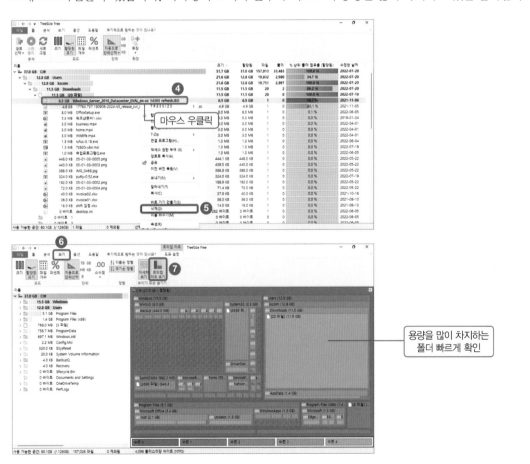

▪▪ 파워토이: 생산성이 올라가는 마이크로소프트 공식 유틸리티 모음집

파워토이(PowerToys)는 윈도우 95 시절부터 무료로 제공된 고급 사용자용 앱입니다. 윈도우 운영체제의 생산성을 높여주는 마이크로소프트 공식 유틸리티 모음으로, 다음과 같은 다양한 기능을 제공합니다.

1) 항상 위(Always on Top): 원하는 창을 항상 위에 표시하기

2) 절전 모드 해제(PowerToys Awake): PC(본체 혹은 모니터)를 계속 켜진 상태로 유지하기

3) 색상 추출기(Color Picker): 마우스 포인터 위치의 색상 값을 알아내기

4) 창 레이아웃 관리자(FancyZones): 다양하게 창을 배열하기

5) 파일 탐색기 추가 기능(File Explorer add-ons utility): 탐색기 기능을 강화해 각종 파일을 미리보기

6) 그림 크기 조정(Image Resizer): 이미지의 크기를 원하는대로 조절하기

7) 키보드 매니저(Keyboard Manager): 단축키를 포함해 키보드 키를 다시 지정(매핑)하기

8) 마우스 유틸리티(Mouse Utilities): 마우스 포인터를 간단히 찾기

9) 파일 이름 변경(PowerRename): 한 번에 여러 파일의 이름을 바꾸기

10) 앱 바로 실행(PowerToys Run): 앱이나 파일을 빠르게 열기

11) 단축키 가이드(Shortcut Guide): 윈도우 키를 사용하는 단축키를 바로 확인하기

파워토이 설치하기 마이크로소프트 스토어에서 'powertoys'를 입력해 [Microsoft PowerToys]를 설치하거나, 앞에서 소개한 윈겟으로 간단히 설치할 수 있습니다. [터미널]에서 `winget install Microsoft.PowerToys --source winget`을 입력해 Enter 를 누르세요.

파워토이 시작 화면, 설정 화면 다루기

파워토이 설치가 끝나면 사용 방법을 소개하는 **PowerToys 시작**이라는 가이드 화면이 나타납니다. 파워토이로 수행할 수 있는 작업들을 한눈에 확인할 수 있습니다. 파워토이 설정을 바꾸려면 작업 표시줄 우측 하단의 파워토이 아이콘을 [마우스 우클릭]합니다. [설정]을 선택하면 **PowerToys 설정** 창이 나타납니다. [관리자 자격으로 PowerToys 다시 시작]을 누르면 파워토이의 전체 설정을 변경할 수 있게 됩니다.

1. 항상 위: 원하는 창을 항상 위에 표시하기

여러 창을 열어 작업할 때, 창들을 전환하다 보면 결과를 정리한 창이 가려져 불편합니다. 파워토이의 항상 위(Always on Top) 기능은 작업 목록 등을 항상 띄어놓고 싶은 경우에 유용합니다. 항상 위에 표시할 창을 선택하고, [Windows]+[Ctrl]+[T]를 누르면 다른 창과 겹쳐져도 해당 창이 항상 위에 표시됩니다. 해당 창을 선택한 상태에서 다시 단축키를 다시 누르면 기능이 해제됩니다.

원하는 창을 선택하고 단축키를 누르면 항상 위에 표시

단축키 원하는 창을 항상 맨 위에 띄우기/띄우기 해제: [Windows]+[Ctrl]+[T]

2. 절전 모드 해제: PC(본체 혹은 모니터)가 꺼지지 않게 하기

절전 모드 해제(PowerToys Awake)는 컴퓨터를 계속 켜진 상태로 유지시키는 유틸리티입니다. 파워포인트 등으로 발표하거나, 대용량 파일을 다운로드하는 등 컴퓨터를 계속 켜둬야 할 때 유용합니다. 작업 표시줄 우측 하단의 [커피잔 모양] 단추를 클릭하면 절전 모드 해제 관련 메뉴가 나타납니다.

커피의 카페인처럼 PC를 잠들지 않게 함

아크몬드 특강 | **절전 모드 해제 관련 메뉴들**

다음 메뉴를 상황에 맞게 선택하면 PC의 꺼짐이 방지됩니다.

- Keep screen on: 모니터 화면을 켜진 상태로 유지합니다.
- Off (keep using the selected power plan): 꺼짐 방지 기능을 해제합니다. 기존 전원 설정을 계속 사용합니다.
- Keep awake indefinitely: 컴퓨터 본체를 깨어 있는 상태로 유지합니다(무한정).
- Keep awake temporarily: 컴퓨터 본체를 깨어 있는 상태로 유지합니다(일시적). 30분, 1시간, 2시간 중에서 선택할 수 있습니다.

---

3. 색상 추출기: 마우스로 정확한 색상 값을 알아내기

Windows + Shift + C 를 누르면 화면에서 **마우스로 가리킨 곳**의 색상을 추출할 수 있습니다. 좀 더 세밀하게 색상을 확인하고 싶으면 마우스 휠을 움직여 화면을 확대하세요. 확대된 창으로 픽셀의 색상 값을 쉽게 확인할 수 있습니다.

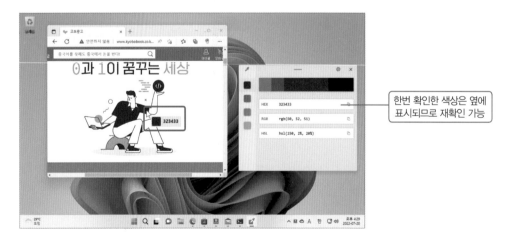

한번 확인한 색상은 옆에 표시되므로 재확인 가능

4. 창 레이아웃 관리자: 다양하게 창을 배열하기

창 레이아웃 관리자(FancyZones 편집기)를 사용하면 내맘대로 화면을 3분할, 4분할할 수 있습니다. 윈도우 11의 스냅 기능으로도 기본적인 분할 기능은 제공되지만, 레이아웃을 수정할 수는 없습니다. 창 레이아웃 관리자로 원하는 대로 레이아웃을 수정할 수 있어 4K 등 고해상도 모니터에서 작업할 때 편리합니다. 레이아웃을 선택하거나 작성한 뒤, [Shift]를 누른 채 창을 이동하면 쉽게 배열할 수 있습니다.

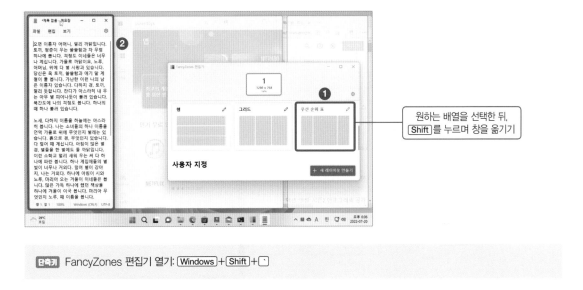

원하는 배열을 선택한 뒤,
[Shift]를 누르며 창을 옮기기

단축키 FancyZones 편집기 열기: [Windows] + [Shift] + [`]

5. 파일 탐색기 추가 기능: 탐색기 기능을 강화해 각종 파일을 미리 보기

파워토이의 파일 탐색기 추가 기능(File Explorer add-ons utility)을 통해 SVG(.svg), 마크다운(.md), 소스 코드(.cs, .cpp, .rs, …), PDF(.pdf) 등의 파일을 열지 않아도 탐색기의 미리 보기 창을 통해 확인할 수 있습니다. [파일 탐색기]에서 [보기] 메뉴에 들어가 [표시]를 클릭하면 [미리 보기 창]을 켤 수 있습니다. 마크다운 문서나 SVG 이미지, 소스 코드 파일을 자주 사용하는 개발자에게 유용합니다.

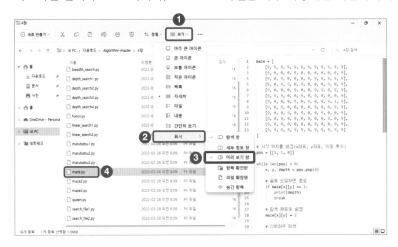

6. 그림 크기 조정: 이미지의 크기를 원하는대로 조절하기

파워토이의 그림 크기 조정(Image Resizer)을 사용하면 여러 이미지의 크기를 한 번에 조정할 수 있습니다. 탐색기에서 여러 이미지 파일을 선택한 뒤, [마우스 우클릭]하여 나오는 단축 메뉴에서 [그림 크기 조정]을 선택합니다. Image Resizer 창에서 원하는 크기를 선택해 [크기 조정] 단추를 누르면 그림 크기가 일괄 조정됩니다.

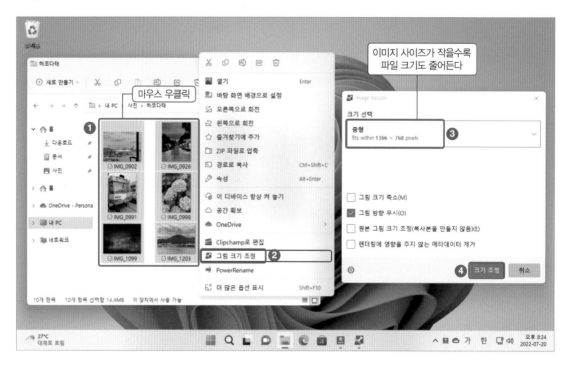

아크몬드 특강 | 단축 메뉴에 그림 크기 조정 항목이 나타나지 않으면 추가 옵션을 확인한다

단축 메뉴에 그림 크기 조정 항목이 보이지 않는 경우에는 [더 많은 옵션 표시]를 클릭한 뒤, 단축 메뉴에서 [그림 크기 조정] 항목을 다시 선택하면 됩니다.

7. 키보드 매니저: 단축키를 포함한 키보드 키를 다시 지정(매핑)하기

파워토이의 키보드 매니저(Keyboard Manager)를 이용하면 키보드의 키 혹은 단축키를 자유롭게 바꿀 수 있습니다. 작업 표시줄 우측의 [파워토이] 아이콘을 [마우스 우클릭]하고 [설정]을 클릭합니다. 좌측 바에서 [Keyboard Manager]에 들어가 [키 다시 매핑]을 클릭합니다. 왼쪽의 **실제 키**에 입력한 키가 오른쪽의 **매핑 대상**처럼 동작하게 됩니다. 예를 들어, 키보드 자판에서 'A'를 'B'라고 약속하면, 메모장 등에서 'a'를 입력해도 'b'가 나타나는 식입니다.

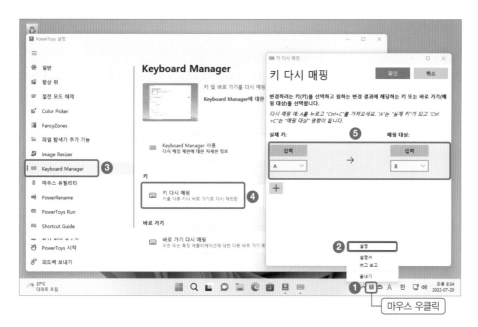

8. 마우스 유틸리티: 빠르게 마우스 포인터를 찾기

갑자기 마우스 포인터가 안보인다면? 키보드의 왼쪽 하단의 Ctrl 를 두 번 눌러 보세요. 마우스 유틸리티 (Mouse Utilities)로 포인터의 위치가 밝게 강조되고, 배경은 어두워집니다. 화면을 클릭하거나 잠시 기다리면 하이라이트가 사라지며 원래대로 돌아옵니다. 이 기능은 여러 대의 모니터를 사용하는 환경이나, 4K 등 고해상도 디스플레이에서 급히 마우스 포인터를 찾는 경우에 유용합니다.

마우스 포인터의 위치를 하이라이트

단축키 마우스 유틸리티 실행하기: 키보드 왼쪽 하단의 Ctrl 연속 두 번 누르기

9. 파일 이름 변경: 한 번에 여러 파일의 이름을 바꾸기

파워토이의 파일 이름 변경(PowerRename)을 활용하면 여러 파일의 이름을 한방에 바꿀 수 있습니다. 이름을 바꿀 파일을 모두 선택하고 [마우스 우클릭]을 하고 [PowerRename]을 선택합니다. 위쪽 입력란에는 기존 파일명을, 아래쪽 입력란에는 변경할 파일명을 지정합니다. 여러 옵션을 선택해 원하는 대로 파일명을 일괄 수정할 수 있습니다.

아크몬드 특강 | **단축 메뉴에 PowerRename 항목이 나타나지 않으면 추가 옵션을 확인한다**

단축 메뉴에 PowerRename 항목이 보이지 않는 경우에는 [더 많은 옵션 표시]를 클릭한 뒤, 단축 메뉴에서 [PowerRename] 항목을 다시 선택하면 됩니다.

10. 앱 바로 실행: 앱이나 파일을 빠르게 열기

프로그램을 열거나 파일을 찾는 경우 여러 단계를 거쳐야 하지만, [Alt]+[Space]를 눌러 앱 바로 실행(PowerToys Run)을 켜면 순식간에 작업을 시작할 수 있습니다. 앱이나 파일을 빠르게 검색하여 열 수 있습니다. 고급 사용자를 위한 추가 기능(플러그인)이 제공되어, 더욱 다양한 작업을 수행할 수 있습니다.

TIP PowerToys Run으로 실행할 수 있는 명령어를 확인하세요

앱이나 파일을 빠르게 검색해 여는 기능 외에도, 플러그인을 통해 윈도우의 전반적인 기능을 검색하거나 실행할 수 있습니다. 플러그인은 Alt + Space 를 눌러 아래 예제를 입력해 사용할 수 있습니다.

기능	명령	예제	결과
계산기	=	= 2 + 2	4 (계산 결과 표시)
파일 또는 폴더 검색	?	? 파일명	'파일명'과 일치하는 파일 또는 폴더 검색
프로그램 실행	.	. notepad	notepad(메모장) 실행
레지스트리 키 검색	:	: hkcu	HKEY_CURRENT_USER 하위 키를 검색
윈도우 서비스 검색	!	! Windows Update	'Windows Update' 서비스 검색
셸 명령 내리기	〉	〉 ping localhost	localhost를 대상으로 ping 쿼리를 수행
시간대 확인	&	& washington	워싱턴의 현재 시간을 표시
단위 변환기	%%	%% 10 ft in m	10피트를 미터로 바꾼 결과를 표시
URI 처리기	//	// archwin.net	archwin.net 웹사이트를 열기
웹 검색	??	?? 윈도우11	인터넷에서 '윈도우11' 키워드 검색
윈도우 설정 검색	$	$ 마우스	마우스 관련 윈도우 설정 검색

11. 단축키 가이드: 윈도우 키를 사용하는 단축키를 바로 확인하기

단축키 가이드(Shortcut Guide)는 Windows + Shift + / 를 누르면 Windows 와 관련된 단축키를 망라해 줍니다. 업무 시간을 단축시키는 다양한 단축키 목록을 확인할 수 있습니다.

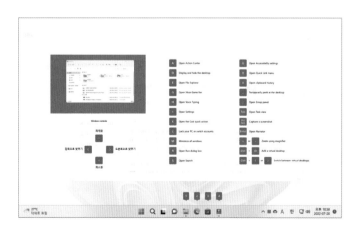

단축키 단축키 가이드 열기 또는 닫기: Windows + Shift + /

LESSON 02

태블릿을 200% 활용하는 노하우

최근 노트북이나 태블릿에 터치 패널이 탑재되는 경우가 많아졌습니다. 마이크로소프트의 서피스(Surface)와 같은 태블릿은 터치뿐만 아니라 전자펜 입력까지 지원하면서, 이동성을 더 높이고 있습니다. 윈도우 11은 펜과 터치, 제스처 등을 입맛대로 설정하여 생산성을 극대화할 수 있습니다.

Link 터치 패드, 터치 패널(모니터), 펜(스타일러스)의 기본적인 조작법은 터치 및 펜 제스처 마스터하기를 참고하세요(97쪽).

■■ 터치 키보드 효과적으로 쓰기

터치 기능이 탑재된 컴퓨터라면 물리적인 키보드가 없더라도 글자를 입력할 수 있습니다. 윈도우 11은 물리 키보드의 연결이 해제될 때, 자동으로 터치 키보드가 활성화됩니다. 메모장 등의 본문을 터치하면 터치키보드가 화면 하단에 나타납니다. 또는, 작업 표시줄 우측의 **[터치 키보드]** 아이콘을 직접 터치해도 됩니다.

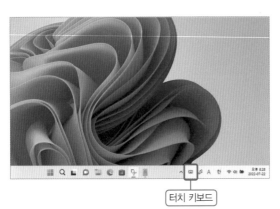

터치 키보드

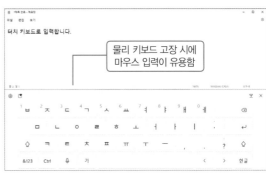

물리 키보드 고장 시에
마우스 입력이 유용함

TIP 터치 키보드가 나타나지 않으면 작업 표시줄 설정을 확인하세요.

터치 키보드가 자동으로 표시되지 않는다면 작업 표시줄에서 [마우스 우클릭]을 해서 [작업 표시줄 설정]을 클릭합니다. 터치 키보드를 [켬]으로 바꾸면 우측 하단에 터치 키보드 아이콘이 나타납니다.

터치 키보드 기본 입력 & 음성 입력 터치 키보드로 글자를 일부 입력하면 예상되는 단어를 추천해주는 등, 기존 아이폰이나 안드로이드 스마트폰에서 사용하던 키보드와 비슷하게 사용할 수 있습니다. 터치 키보드의 좌측 하단의 [&123]을 누르면 숫자나 특수 문자를 입력할 수 있고, [Ctrl]을 누르면 컨트롤 키와 조합해 사용할 수 있는 단축키를 사용할 수 있습니다. 마이크 아이콘을 누르면 음성 입력 모드가 되어, 사용자 목소리를 듣고 텍스트로 입력해 줍니다.

▲ &123 단축키

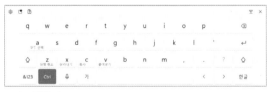

▲ Ctrl 단축키

▲ 음성 입력 모드

Link 음성 입력 기능은 270쪽에서 설명합니다.

TIP 터치 키보드의 키를 오래 누르면 숫자가 입력됩니다.

터치 키보드의 위쪽은 '1ㅂ,2ㅈ,3ㄷ'과 같이 숫자와 자음이 함께 표시됩니다. 가볍게 한 번 터치하면 ㅂ,ㅈ,ㄷ과 같은 자음이 입력되며, 오래 누르면 1,2,3과 같은 숫자가 입력됩니다. 스페이스 바를 오래 누르면 포인터 위치를 조정할 수 있는 모드로 바뀝니다. 화면에서 손을 떼지 않고, 상하좌우로 움직이면 움직임에 맞춰 커서가 이동됩니다.

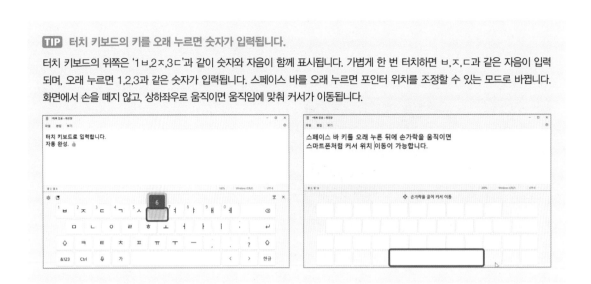

터치 키보드에서 이모지 입력하기 터치 키보드의 [하트 모양(최근에 사용한 항목)] 단추를 누르면 이모지나 GIF, 카오모지, 기호 등을 입력할 수 있습니다. 우측 검색 창을 사용하면 상황에 맞는 이모지/GIF를 빠르게 찾을 수 있습니다.

① 최근에 사용한 항목

② 이모지(이모티콘)

③ GIF(움짤)

④ 카오모지(얼굴 표정)

⑤ 기호

⑥ 클립보드 기록

⑦ 검색 창

⑧ 원래 키보드로 돌아가기

키보드 종류 변경하기(자판 배열 변경) [설정] 단추를 눌러 [자판 배열]을 선택하세요. 기본 값 외에도 [작게], [분할], [확장] 중에서 선택할 수 있습니다. 키보드의 크기나 위치, 배열 등이 다양하게 준비되어 있으므로, 용도나 취향에 맞게 터치 키보드 종류를 변경할 수 있습니다.

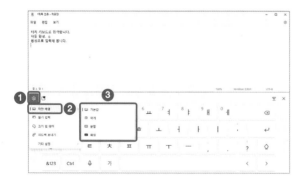

▲ [작게]: 스마트폰 화면처럼 작아서 한 손 입력 시 편리

▲ [분할]: 태블릿 화면을 두 손으로 쥐고 사용할 때 편리

▲ [확장]: 가장 실물 키보드와 비슷한 모드

필기로 입력하기(손글씨 입력) [설정] 단추를 눌러 [**필기 입력**]을 선택하면 펜 또는 손가락으로 입력한 문장이 텍스트로 입력됩니다.

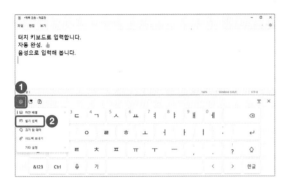

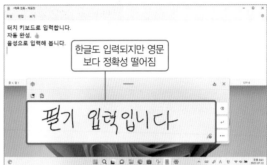

한글도 입력되지만 영문보다 정확성 떨어짐

터치 키보드 테마 변경하기 터치 키보드는 라이트/다크 테마에 맞게 흰색이나 검은색으로 나타납니다. 기본 색상 외에도 테마를 선택하여 자유롭게 꾸미는 것이 가능합니다. [**설정**] 단추를 눌러 [**크기 및 테마**]를 선택하여, [**테마**]에서 원하는 스타일을 선택하세요.

사용자 지정 테마를 만들기도 가능

▨ 펜(스타일러스)으로 생산성 높이기

서피스와 같이 펜(스타일러스)을 사용할 수 있는 태블릿의 경우, 작업 표시줄 우측에 펜 메뉴가 나타납니다. 평소에 자주 사용하는 펜 전용 앱을 최대 4개까지 펜 메뉴에 추가할 수 있습니다.

작업 표시줄 우측의 [펜] 단추를 눌러 [자세히 보기]를 누르고 [펜 메뉴 편집]을 클릭해 앱을 추가하세요. 필자는 캡처 도구, 원노트(OneNote), 스티커 메모, 그림판을 등록해 사용하고 있습니다.

펜의 바로 가기 버튼에 원하는 앱 할당하기 펜 끝에 **바로 가기 버튼**이 붙어 있다면, 한 번 혹은 두 번 누르는 동작에 원하는 앱을 할당할 수 있습니다. 펜 메뉴의 [자세히 보기]에서 [**펜 설정**]을 클릭하세요. '바로 가기 버튼의 작동 방법 선택'을 확장하면 '한 번 클릭' 혹은 '두 번 클릭'의 동작을 설정할 수 있습니다. 필자는 한 번 클릭에는 '화면 캡처'를, 두 번 클릭에는 '앱 열기'를 선택하여 원노트(OneNote)를 할당해 두었습니다. 이렇게 설정하면 펜의 바로 가기 버튼을 한 번 누르면 곧바로 화면을 캡처할 수 있고, 두 번 누르면 원노트가 실행되어 신속하게 필기할 수 있어 생산성이 높아집니다.

TIP 더블클릭이 필요 없도록 변경하기(탐색기 옵션)

탐색기나 바탕 화면 등에서 한 번 클릭해서 파일을 선택하고, 더블클릭해서 실행하는 것이 기본적인 사용 방법입니다. 하지만 펜이나 터치를 사용하는 경우 더블클릭에 애를 먹는 경우가 종종 있습니다. 이럴 때에는 한 번 누르면 열리는 방식으로 바꿔보세요. 특히 펜을 사용하는 경우 항목 위에 갖다 대면 자동으로 선택되고, 한 번 누르기만 하면 열리므로 매우 편리합니다. 탐색기를 열어 [자세히 보기(···)]를 클릭한 뒤, [옵션]에 들어갑니다. 그리고 [한 번 클릭해서 열기(가리키면 선택됨)]를 선택한 뒤 [확인] 단추를 누르면 해당 옵션이 적용됩니다.

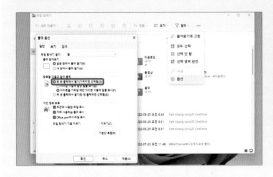 

화면에 가상 터치 패드 만들기

가상 터치 패드는 화면을 직접 터치하는 것이 익숙치 않은 분께 추천하는 기능입니다. 화면의 일부를 터치 패드로 만들어, 손가락을 움직여 마우스 포인터를 이동시킬 수 있습니다. 가상 터치 패드를 켜려면 작업 표시줄에서 [마우스 우클릭]을 해서 단축 메뉴를 열어 [작업 표시줄 설정]에 들어갑니다. **가상 터치 패드를 [켬]**으로 바꿔 주세요.

작업 표시줄의 우측에 가상 터치 패드 아이콘이 나타납니다. 이를 클릭하면 터치 패드 형태의 창이 표시되는데, 넓은 부분에서 손가락을 움직이면 마우스 포인터의 위치를 제어할 수 있고, 아래의 두 버튼으로 각각 왼쪽 클릭/오른쪽 클릭을 수행할 수 있습니다.

터치/드래그하면
마우스 포인터 이동

화면 터치가 어색한
사용자에게 추천

터치 패드 제스처 입맛대로 설정하기

터치 패드로 단순한 마우스 포인터 이동 외에도 여러 손가락을 동시에 이용해 가상 데스크톱을 전환하고, 바탕 화면을 바로 표시하거나 앱을 전환하는 제스처를 사용할 수 있습니다. 기본으로 설정된 옵션 활용에서 더 나아가, 조금 더 창의적인 방법으로 멀티 터치를 사용하려면 제스처를 변경해 보세요.

기본 제스처 변경(제스처를 세트로 할당) 현재 설정되어 있는 터치 패드의 제스처를 확인 또는 변경하려면 검색 창에서 '터치 패드'를 입력해 [터치 패드 설정]을 실행합니다. [세 손가락 제스처] 또는 [네 손가락 제스처]를 확장하면 현재 설정을 확인할 수 있으며, 드롭다운 박스를 선택해 다른 설정 세트로 변경할 수 있습니다.

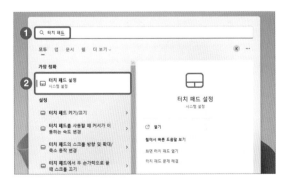

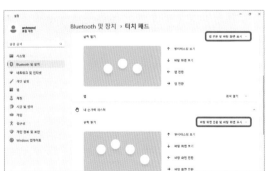

고급 제스처 설정(제스처를 개별 할당) 세 손가락 및 네 손가락 제스처를 더 세밀하게 설정하려면, 검색창에서 '고급 터치'를 입력해 [고급 터치 제스처]를 실행합니다. 탭/상하좌우 터치에 대해 각각 원하는 작업을 할당할 수 있습니다.

한글 음성 입력으로 받아쓰기

윈도우 11부터는 한글 음성 입력(받아쓰기)이 가능합니다. Windows + H 를 눌러 음성 입력을 열면 곧바로 목소리를 듣기 시작합니다. 소리내어 문장을 말하면 메모장 등에 곧바로 텍스트의 형태로 받아쓰기가 됩니다. 입력 언어를 일본어나 영어 등으로 전환하여 마이크 단추를 누르면 음성으로 외국어를 입력할 수 있습니다.

 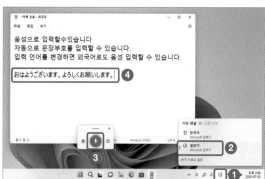

Link 영어, 일본어 등 다양한 언어로 입력하려면 윈도우를 다른 언어로 바꾸어 사용하기를 참고해 원하는 언어를 추가하세요(219쪽).

TIP 음성 입력 중에 문장 부호를 넣을 수 있습니다.

음성 입력 중에 키보드의 Enter 처럼 다음 줄로 바꾸고 싶거나, 쉼표나 마침표 등을 입력하고 싶을 때에는 다음 설정을 사용해보세요. 음성 입력 창의 [설정] 단추를 눌러 자동 문장 부호를 활성화합니다. 이후에는 음성 입력 시에 "줄 바꿈"이라고 말하면 다음 줄로 넘겨줍니다. 다음 표를 참고하여 다양한 문장 부호를 입력해 보세요.

문장 부호	음성 명령	문장 부호	음성 명령	문장 부호	음성 명령
'	작은따옴표 열고	/	슬래시	~	물결표
'	작은따옴표 닫고	:	콜론	"	큰따옴표 열고
–	하이픈	;	쌍반점	"	큰따옴표 닫고
—	줄표	?	물음표	「	홑낫표 열고
!	느낌표	[	대괄호 열고	」	홑낫표 닫고
(	괄호 열고	]	대괄호 닫고	…	줄임표
)	괄호 닫고	₩n (줄 바꿈 문자)	줄 바꿈	·	가운뎃점
,	쉼표	{	중괄호 열고		
.	마침표	}	중괄호 닫고		

█▌ 단순하고 효율적인 클립보드 검색 기록 활용하기

컴퓨터를 처음 접할 때, Ctrl + C , V 라는 복사 및 붙여넣기 단축키를 배우게 됩니다. 가장 기본적인 단축키이며, 활용도가 매우 높지만, 한 번에 하나의 데이터만 복사하고 붙여넣을 수 있다는 한계가 있습니다. 윈도우 11은 클립보드 검색 기록 단축키가 추가되었습니다. PC를 컨 뒤에 복사한 내용들을 차례로 기록하고 있으며, 여러 내용을 복사하여 원할 때 붙여넣을 수 있어 편리합니다. 클립보드 검색 기록에는 텍스트뿐 아니라 그림 데이터도 보존되어 있습니다.

단축키 클립보드 검색 기록: Windows + V

텍스트/그림 붙여넣기 텍스트나 그림 데이터를 복사한 뒤, [Windows]+[V]를 눌러 원할 때 붙여넣을 수 있습니다. 특히 그림의 경우에 클립보드 검색 기록을 활용하면 복사된 내용을 확인하면서 클릭 한 번에 붙여넣을 수 있어 편리합니다.

그림도 간단히 붙여넣기

자주 쓰는 항목 고정하기/삭제하기 자주 붙여넣는 항목은 [항목 고정]을 눌러 고정하세요. 클립보드는 컴퓨터를 다시 시작하거나 로그아웃하면 초기화됩니다. 하지만 고정된 항목은 여전히 남아있으므로, 매일같이 사용하는 데이터라면 고정해 두는 것을 추천합니다. 클립보드 검색 기록에서 삭제할 항목은 [자세히 보기(···)]를 눌러 [삭제]를 클릭하면 지워집니다.

고정하지 않은 항목은 재부팅 후에 지워짐